궁
궐 2

조선의 왕을 만나다

궁궐 2

송용진 글 · 사진

지식프레임

들어가는 말

　궁궐은 조선 왕조 500년의 역사가 서린 현장이다. 조선의 수많은 왕이 궁궐에서 정사를 돌봤고, 업적을 세웠고, 나라를 지키고자 피땀을 흘렸다. 왜란과 호란, 일제 강점기와 한국전쟁을 견디고 살아남은 조선의 궁궐은 원래의 모습을 되찾기 위해 변화를 거듭했고, 지금도 한창 복원 중이다. 이에 지난 몇 년간 새롭게 발견된 자료들 틈에서 고군분투하며 궁궐에 관한 이야기를 다시 톺아보기 시작했다.

　《궁궐1》에서는 조선왕조실록과 당대의 사진 및 다양한 사료를 통해 궁궐의 전각별로 일어났던 역사적 사건을 기술하며 풍성한 이야기를 전달하고자 했다. 그 뒤를 잇는 이번 책《궁궐2》를 통해서는 조선을 세운 태조 이성계부터 한일병탄의 비극을 맞은 고종, 순종 황제까지 27대 조선 왕의 이야기를 차례로 다룬다.《궁궐1》이 5대 궁을 공간의 동선으로 이동했다면,《궁궐2》는 시간의 동선으로 역사를 서술했다.

경복궁에는 현존하는 조선의 가장 큰 누각인 경회루가 있다. 이곳에는 3남이었던 세종을 향한 태종의 양위 결단과 가뭄으로 고생하는 백성의 고통을 몸소 체험했던 세종의 애민정신, 삼촌인 세조에게 왕위를 넘기는 단종의 피눈물과 '흥청망청'이라는 말의 어원이 되는 연산군의 광기가 서려 있다. 조선의 흥망을 결정짓는 사건들이 한 장소에 켜켜이 쌓이며 그 자체로 역사가 된 것이다. 이처럼 이 책은 조선의 27대 왕들이 어떤 궁궐의 전각에 머물렀으며, 그곳에서 어떤 역사적 사건이 벌어졌는지를 살펴보는 재미를 준다.

개경에서 한양으로의 천도, 화려한 법궁인 경복궁의 건설로 시작된 조선의 역사는 덕수궁 중명전에서 친일파들이 대한제국의 외교권을 빼앗은 을사늑약으로 사실상 역사의 뒤안길로 사라졌다. 그러나 여전히 우리 곁에 아름답게 남은 조선의 궁궐은 매력적인 조선의 역사를 만날 수 있는 현장으로 우리를 초대한다. 부디 이 책을 통해 독자들이 조선의 역사에 한 발 더 가까워지기를 기대한다.

2021년 4월 쏭내관
송용진

목차

조선
궁궐의
역사

조 선 왕조 500년의 중요한 역사적 사건들은 모두 궁궐 안에서 결정되고 궁궐 안에서 일어났다. 그래서 궁궐의 역사는 곧 조선의 역사라고 해도 과언이 아니다. 현재 서울에 남아 있는 조선 궁궐은 경복궁, 창덕궁, 창경궁, 경희궁 그리고 덕수궁까지 총 다섯 곳이다. 먼저 이 다섯 궁궐의 역사를 간단히 살펴보자.

〈서울 장안 약도〉(1900년대 초)

경복궁의 창건

조선의 첫 궁궐은 경복궁이다. 1392년 조선을 건국한 이성계는 측근 정도전에게 명하여 한양에 경복궁景福宮을 건설하도록 했다.

창덕궁의 창건

왕조의 수도에는 최소 두 곳 이상의 궁궐이 있어야 한다. 화재나 전염병 등 혹시 모를 사태에 대비해야 하기 때문이다. 일반적으로 임금이 머무는 곳을 법궁法宮, 나머지 궁궐을 이궁離宮이라 하는데, 경복궁 창건 10년 후인 1405년에 경복궁의 동쪽에 이궁인 창덕궁昌德宮이 완공되었다.

창경궁의 창건

법궁과 이궁의 양궐 체제를 유지했던 조선 왕조는 80년 후인 성종 대에 이르러 왕실 가족들의 수가 늘어나면서 또 하나의 궁궐인 창경궁昌慶宮을 창건한다. 창경궁은 정전, 편전 등 외전의 전각을 갖추었지만, 공적 기능보다는 창덕궁의 내전을 확장한 형태로 건립되었다. 1484년 창경궁의 완성으로 조선 왕조의 궁궐은 경복궁, 창덕궁, 창경궁까지 세 곳이 되었다.

경복궁, 창덕궁, 창경궁의 소실

하지만 조선의 궁궐은 그리 오래가지 못했다. 1592년 발발한 임진왜란을 제대로 대비하지 못했던 조선 조정은 부랴부랴

판삼사사 정도전에게 분부하여 새 궁궐의 여러 전각 이름을 짓게 하니, 정도전은 새 궁궐을 경복궁이라 하였다.
– 태조실록(1395)

이궁의 이름을 창덕궁이라 하였다.
– 태종실록(1405)

우부승지 김종직이 새로 건립한 창경궁 관련 기록을 임금에게 바치었다.
– 성종실록(1484)

도성의 궁성에 불이 났다. (중략) 경복궁, 창덕궁, 창경궁의 세 궁궐이 일시에 모두 타버렸다.

– 선조수정실록(1592)

창덕궁, 창경궁 영건청(건설 관련 관청)이 공사 때 쓸 재목, 요포 및 재료의 준비에 대해 아뢰었다.

– 광해군일기(1609)

정릉동 행궁 이름을 경운궁(훗날의 덕수궁)으로 고치다.

– 광해군일기(1611)

경덕궁(훗날의 경희궁)의 공사를 인경궁의 공사보다 빨리 끝내도록 전교하다.

– 광해군일기(1617)

대신이 아뢰기를, "인경궁은 백성의 고혈을 짜내어 창건한 것이니 훼철하자는 논의는 정당하다고 하겠습니다." 하니, 답하기를 "대신의 의논대로 시행하라." 하였다.

– 인조실록(1625)

파천을 떠났고, 그사이 200년 역사를 품은 경복궁, 창덕궁, 창경궁은 모두 화염에 휩싸이고 만다.

덕수궁의 창건과 창덕궁, 창경궁의 중건

임진왜란으로 피난을 떠난 지 1년 후인 1593년, 한양으로 돌아온 조정은 불타버린 궁궐을 대신해 지금의 서울시 중구 정동 일대의 민가를 개조해 임시 궁궐인 행궁行宮으로 사용했다. 당시 사람들은 이곳을 '정릉동 행궁'이라 불렀다. 전쟁이 끝난 후 조정은 불탄 창덕궁과 창경궁을 서둘러 중건했지만, 경복궁은 터가 불길하다는 소문 때문에 중건하지 않았다. 정릉동 행궁은 훗날 경운궁慶運宮과 덕수궁德壽宮으로 이름이 바뀌었고 지금까지 남아 있다.

경희궁의 창건

광해군은 경복궁을 중건하는 대신 경복궁 인근에 새롭게 인경궁仁慶宮과 경희궁慶熙宮을 창건했다. 당시 무리한 궁궐 공사에 대한 비난 여론 속에서도 그는 독단으로 이를 강행했고, 그 결과 광해군 연간 한양에는 다섯 곳의 궁궐이 존재하게 되었다.

그러나 광해군이 반정 세력에 의해 쫓겨나고 새롭게 왕이 된 인조는 인경궁의 전각들을 헐어 다른 궁궐로 옮겨버렸다. 이로써 인경궁은 창건된 지 10여 년도 지나지 않아 역사 속으로 사라지는 운명을 맞이한다.

경복궁의 중건

임진왜란 이후 경복궁 중건이 이루어지지 않았기 때문에 당시 창덕궁은 법궁, 경희궁은 이궁의 역할을 수행했다. 창경궁은 창덕궁의 내전 영역 정도로 취급되었다. 그 후 1867년 고종 연간에 흥선대원군의 주도 아래 빈터였던 경복궁이 중건됨으로써 조선의 5대 궁궐이 완성된다.

일제 강점기, 궁궐의 수난

1910년 한일병탄 이후 5대 궁궐은 조선 총독부에 의해 철저히 유린되었다. 경희궁은 궁궐 자체가 사라졌고, 경복궁은 90% 이상의 전각들이 훼철되었으며, 창경궁은 창경원으로 불리며 동물원이 되는 수모를 겪었다.

사라진 역사를 복원하다

일제 강점기와 한국전쟁을 거치며 우리 궁궐은 너무 많은 상처를 입었다. 다행히 1990년대부터 본격적인 발굴 조사와 복원 사업이 시작되었고, 그렇게 사라진 역사들이 하나씩 우리 곁으로 돌아오고 있다.

전교하길 "경복궁은 우리 왕조에서 수도를 세울 때 맨 처음으로 지은 법궁이며 조선의 시작이 이 경복궁부터였다. 그러나 불행하게도 임진왜란에 의하여 불타버리고 난 다음에 미처 다시 짓지 못한 관계로 오랫동안 뜻있는 선비들이 이 점을 개탄하였다. 이제 경복궁을 다시 지어 중흥의 큰 업적을 이루리라." 하였다.
– 고종실록(1865)

경복궁 전체 면적 19만 8천 624평(坪) 5합(合) 6작(勺)을 총독부에 인도하였다.
– 순종실록(1911)

문화재청은 서울시와 공동으로 광화문 앞 일대를 역사 광장으로 조성하면서 월대를 복원하고 해태상을 원위치로 이전할 계획이라고 밝혔다.
– 경향신문(2018)

조선 왕조 500년
역사의 현장을 가다

태조 이성계부터 순종 황제까지,
궁궐에서 만나는 27대 왕들의 이야기

1
태조
***
조선을 건국하다

태조이성계의 즉위식 - 개성 수창궁

태조 왕건이 창업한 고려는 국교인 불교를 바탕으로 사회를 통합하고 강력한 제국으로 성장했으나, 고려 후기 부정부패 등의 사회적 혼란은 국력을 급속도로 쇠퇴시켰다. 결국 이성계를 중심으로 한 신흥 무인 세력과 정도전이 중심이 된 신진 사대부들은 쿠데타를 일으켜 권력을 잡는다. 이후 이성계는 공양왕에게 선위를 받아 왕이 되었는데, 즉위식은 고려의 왕궁인 개성 수창궁壽昌宮에서 거행되었다.

태조가 개경의 수창궁에서 왕위에 올랐다. 즉위식 날 왕이 이르기를 "나는 마지못해 왕위에 올랐다. 나라 이름은 그전대로 고려라 하고 의전과 법제는 한결같이 고려의 고사에 따를 것이다."
– 태조실록(1392)

고려 수창궁 출토(추정) 용머리 조각상

새 왕조와 새 수도, 그리고 새 궁궐 – 경복궁

쿠데타 세력은 권력을 잡았지만 서로 다른 나라를 꿈꾸었다. 정몽주를 중심으로 한 온건파들은 고려의 존속을 주장했고, 정도전과 이방원 등의 강경파는 새로운 왕조를 개창하고자 했다. 이런 갈등 속에서 강경파가 승리하여 새 나라의 개국을 서두르게 되는데, 당시 가장 중요한 것은 명明으로부터 인정을 받는 일이었다. 이성계는 곧바로 명 황제에게 역성혁명易姓革命(왕조가 바뀌는 사건)의 당위성을 알리고, 새로운 왕조의 이름을 정해달라고 청한다.

국초의 혼란기에 지도자들은 내부 통합을 위해 의도적으로 외부의 적을 만드는 경우가 많다. 임진왜란 역시 일본 열도를 통일한 도요토미가 내분을 최소화하기 위해 외부로 시선을 돌리려 일으킨 전쟁이었다. 고려 말 중국에서는 원元을 멸망시킨 명이 세력을 키우고 있었다. 당시 명나라는 고려를 망하게 한 세력을 응징한다는 핑계로 전쟁을 일으킬 수도 있는 상황이었다. 그래서 이성계는 의도적으로 명 황제에게 새로운 나라의 이름을 정해줄 것을 청하며 그 정통성을 확보하려 했다. 황제가 직접 나라의 이름을 정해준 제후국을 침략할 수는 없을 것이기 때문이었다.

이성계는 자신의 고향인 '화령'과 고조선의 후예를 의미하는 '조선'이란 이름을 후보로 올렸고, 이에 돌아온 명 황제의 답은 '조선'이었다. 나라의 이름을 정해달라고 한 부탁이 우리

신이 생각하옵건대 국호를 세우는 것은 진실로 소신이 감히 마음대로 할 수 없는 일입니다. 청컨대 황제께서 조선과 화령 등의 칭호 중 하나를 선택해 주심을 바라옵니다.
– 태조실록(1392)

가 보기엔 굴욕 외교처럼 보이지만 이것은 당시 절대 강국이었던 명을 향한 실리 외교였다.

국명이 정해졌으니 이제 천도遷都를 할 것인지, 아니면 고려의 수도인 개성을 그대로 유지할 것인지에 대한 문제가 대두되었다. 물론 수백 년 동안 개성에 터를 잡은 기득권 세력에게 수도 이전은 쉽게 받아들일 수 없는 문제였다. 하지만 이런 반대 여론에도 불구하고 이성계는 천도를 추진했다. 개국 초 많은 이들이 피를 흘린 개성보다는 새 도읍으로의 천도가 더 낫다는 판단이었다.

마침내 태조는 여러 후보 지역 중 지금의 충청남도 계룡산 인근을 새로운 수도로 정하고 도시 정비와 궁궐 공사에 착수했다. 그러나 신도 건립이 한창일 무렵, 측근 하륜은 신도의 위치가 너무 남쪽에 치우쳐 있다며 다시 정할 것을 상소한다(한반도 전체로 보면 충청남도는 남쪽으로 치우쳐 있다).

이렇게 수도 이전은 원점으로 되돌아갔고, 결국 재논의 끝에 최종 수도는 한양으로 낙점되었다. 동시에 태조는 정도전에게 신도 건설을 명했다.

수도 건설에서 가장 기본이 되는 중요한 건축은 종묘宗廟와 사직단社稷壇 그리고 궁궐이다. 종묘는 역대 임금의 신주를 모시는 사당으로 왕실을 상징하며, 사직단은 임금이 풍년을 위해 토지의 신인 사社와 곡식의 신인 직稷에게 제사를 지내는 제단으로 백성을 상징한다(그래서 '종묘사직'은 왕실과 백성, 즉 왕조 전체를 의미하기도 한다).

역대 임금의 신주를 모시는 종묘(좌), 임금이 풍년을 기원하는 제사를 지내는 사직단(우) 《조선고적도보(朝鮮古蹟圖譜)》

한양은 북으로는 북악산, 남으로는 남산, 동으로는 낙산, 서로는 인왕산으로 둘러싸여 있으며 가운데는 청계천이 흐르는 천혜의 요새요, 남쪽의 한강은 서해로 연결되어 물자 수송에도 용이했다. 무엇보다 고려의 수도 개성과 가까워 수도 이전에 대한 혼란을 최소화할 수 있다는 장점이 있었다. 정도전은 북악산 아래 궁궐을 직접 설계해 완성한 뒤 그 이름을 경복궁이라 지었다.

종묘와 새 궁궐인 경복궁이 준공되었다. 정도전이 이름을 짓고 아울러 그 의의를 써서 올렸는데, 아뢰길 "경복궁의 의미는 《시경(詩經)》 주아(周雅)에 있는 '이미 술에 취하고 덕에 배부르니 군자는 영원토록 크나큰 복을 모시리라'라는 시를 보고 정한 이름이옵니다."라고 하였다.
– 태조실록(1395)

제1차 왕자의 난 – 경복궁 영추문

개혁과 변화는 늘 갈등을 동반한다. 혼탁한 고려 왕조를 바로 잡고자 일어났던 개혁 세력들은 새 왕조의 창건이냐 고려 왕조의 유지냐로 갈등을 빚었고, 조선이 창건된 뒤에는 새 왕조가 나아갈 방향에 대해 의견이 갈리기 시작했다.

갈등의 중심에는 개국의 일등 공신인 태조의 아들 이방원과 책사 정도전이 있었다. 이방원이 꿈꾸는 조선은 강력한 왕권이 이끌어가는 왕의 나라였지만, 정도전의 조선은 대신들이 왕과 함께 정치하는 사대부의 나라였다.

당시 다음 왕위는 이방원의 차지라는 것이 공공연한 사실이었지만, 태조는 예상과 다르게 두 번째 부인 신덕왕후의 어린 아들 이방석을 세자로 책봉했다. 여기에는 정도전의 역할이 컸는데 아무래도 다음 왕이 어리면 자신이 꿈꾸는 나라를 쉽게 만들어갈 수 있었으리라 믿었던 것 같다.

이렇게 시작된 정도전과 이방원의 갈등은 결국 이방원이 정도전을 죽임으로써 끝났다. 그러자 어린 세자 이방석은 바람 앞의 촛불 같은 신세가 되고 말았다. 모후인 신덕왕후는 이미 승하했고, 자신의 정치적 보호자였던 정도전마저 죽었으니, 그가 믿을 사람은 아버지 태조밖에 없었다. 하지만 태조 역시 60세가 넘은 노인일 뿐이었다. 결국 이방원 일파는 이방석을 역적으로 몰아 경복궁을 포위한다. 배다른 형의 칼끝에 벌벌 떨던 어린 세자는 유배의 명을 받고 경복궁의 서문인 영추문을 통해 궁을 나섰지만, 이방원의 측근들은 그를 쫓아가 영추문 밖에서 살해한다. 이 사건이 이른바 제1차 왕자의 난이다.

1398년의 태조실록을 보면 굳이 동생을 죽일 필요까지 있었을까 싶다. 하지만 권력에는 감정이 없다. 아무리 형제지간이라고 해도 이들 뒤에는 거대한 세력들이 있다. 만약 당시 이방석을 죽이지 않았다면 분명 이방석을 추종하는 세력들은 다시 이방원을 공격해 복위復位를 시도했을 것이다.

600년 전, 도망치는 어린 동생이 형에 의해 죽임을 당한 현

방석이 울면서 하직하니, 세자빈이 옷자락을 당기면서 통곡하므로, 방석이 옷을 떨치고서 나왔다. 처음에 방석을 먼 지방에 유배하기로 의논했는데, 방석이 영추문으로 나가니, 이거이 등이 사람을 시켜 죽이게 하였다.
– 태조실록(1398)

제1차 왕자의 난이 일어났던 경복궁 영추문

장인 경복궁 영추문을 가만히 바라보고 있으면 어린 세자의 울부짖음이 들려오는 듯하다. 물론 한편으로는 이런 생각도 든다. 만약 이방원이 난을 성공하지 못했다면 어떻게 되었을까? 그는 훗날 왕으로 등극하지 못했을 것이다. 그렇다면 그의 셋째 아들 충녕 역시 세종대왕이 될 수 없었을 것이고, 한글 창제는 요원했을지도 모른다. 이런 상상을 하다 보면 어린 세자의 비극보다는 왕자의 난이 성공했다는 것에 더 많은 의미를 부여할 수도 있겠다. 여하튼 그날 영추문에서 벌어진 일은 우리의 역사를 바꾼 중대한 사건임이 분명하다.

영추문

🦇 경복궁 영추문과 수호신

영추문은 경복궁의 서쪽 궁성문이다. 서쪽은 계절로 표현하면 가을이기 때문에 '가을을 반긴다'는 뜻의 '영추(迎秋)'라는 이름이 붙었다. 다른 궁궐의 문과 다르게 이곳 경복궁의 궁성문은 석축을 쌓아 문루를 세워 웅장한 모습을 자랑한다. 각 문의 아치 천장에는 좌청룡(左靑龍), 우백호(右白虎), 남주작(南朱雀), 북현무(北玄武)로 알려진 수호신이 그려져 있다. 남문인 광화문에는 주작, 서문인 영추문에는 백호, 북문인 신무문에는 현무, 동문인 건춘문에는 청룡이 든든히 궁궐을 지키고 있다.

경복궁 영추문과 아치 천장에 그려진 백호

2
정종

권력을
욕심낼 수 없었던
허수아비 왕

경복궁에서의 첫 왕위 즉위식 – 경복궁 근정전

'왕자의 난'을 통해 사실상 권력을 잡은 이방원의 목표는 분명 어좌御座의 주인이 되는 것이었다. 그러나 정치는 명분이다. 왕자의 난이 대의를 위한 결단이었다고 했는데, 그런 그가 바로 왕위에 오르면 주변의 시선이 곱지 않을 것은 뻔한 일이다. 고심 끝에 이방원은 형인 이방과에게 세자위位를 제안하며 명분을 만들었다. 일정 기간 자신을 대신해 왕이 되어달라는 것이었다.

이방과는 왕자의 난에서도 별다른 행보를 보이지 않았을 정도로 정치적 존재감이 없는 인물이었다. 이방원에게는 좋지 않은 여론을 잠재우고 명분을 만들 수 있는 좋은 방패막이였을 것이다. 그렇게 이방과는 동생에 의해 아버지의 옥새를 받게 되니, 그가 바로 조선 2대 임금 정종이다.

정종은 1398년 경복궁 근정전에서 즉위했다. 조선 개국 6년 만의 정권 교체였고, 조선 왕조의 법궁에서 있었던 첫 즉위식이었다.

임금이 말하였다. "내가 지금 세자에게 왕위를 전해 주니, 경 등은 힘을 합하여 정치를 도와서 큰 왕업(王業)을 퇴폐시키지 말게 하라." 이에 대신들이 세자를 모시고 근정전에 이르렀다. 세자가 강사포(임금의 예복)와 원유관(예식 때 쓰는 관모)으로 바꾸어 입고 왕위에 올라 백관(百官)들의 하례(賀禮)를 받았다.
– 태조실록(1398)

🧱 궁궐의 정전

궁궐의 얼굴이라 부르는 정전(正殿)은 규모나 가치 면에서 가장 중요한 건물이다. 정전에서는 즉위식, 사신 접견, 정례 조회 등 국가의 공식 행사가 거행된다. 정전은 회랑이나 행각으로 둘러싸여 있고 가운데는 조정(朝廷)이라 불리는 앞마당이 있다.

1398년 정종의 즉위식이 거행되었던 경복궁 근정전

조정은 공간적으로는 정전의 앞마당이지만 궁궐에서 행해지는 정치 행위 자체를 뜻하기도 한다. 경복궁의 근정전, 창덕궁의 인정전, 창경궁의 명정전, 경희궁의 숭정전, 덕수궁의 중화전 등이 이에 속한다.

정종의 즉위식은 평화롭게 진행되었으나 세간의 분위기는 흉흉했다. 이방원이 권력을 잡기 위해 동생을 죽였다는 소문도 소문이지만 난을 일으키는 과정에서 너무 많은 이들이 죽었기 때문이다. 그래서였는지는 모르겠으나 이방원은 수도를 다시 개성으로 옮기기에 이른다. 물론 개성으로의 천도를 명한 것은 임금인 정종이었지만, 그 뒤에는 늘 동생 이방원이 있었다.

수창궁에 나아가서 후원에 올라가 좌우 근신을 돌아보며 말하기를, "고려 태조의 지혜로서 여기에 도읍을 세운 것이 어찌 우연한 일이었겠는가!" 하였으니, 드디어 개성으로 도읍을 옮길 뜻이 있었던 것이다.
– 정종실록(1399)

제2차 왕자의 난

개성의 수창궁으로 돌아온 정종은 주로 격구 등을 즐기며 정치와는 거리가 먼 행동을 했다. 일단 잡으면 쉽게 버릴 수 없는 것이 권력인지라 정종 역시 속으로는 욕심을 냈을지도 모른다. 그러나 이미 대세는 동생에게 기울어 있었다. 어설프게 권력욕을 내세웠다가 다른 형제처럼 희생양이 될 수도 있는 상황이었다. 또한 그의 이런 행동은 동생에게 양위한 후의 삶을 보장받기 위한 정치적 행보이기도 했다.

임금이 경연에 나아가 이르기를, "과인이 병이 있어 수족이 저리고 아프니, 때때로 격구를 하여 몸을 움직여서 기운을 통하게 하려고 한다." 하니, 조박이 말하기를, "기운을 통하게 하는 일이라면 그만두시라 할 수 없습니다. 청하건대, 내관이나 간사한 소인의 무리와는 함께하지 마소서." 하니, 임금이 그렇게 여겼다.
– 정종실록(1399)

역사가 보여주듯 쿠데타는 늘 그 후유증을 동반한다. 난에 참여한 이들은 다들 자신의 공 때문에 성공했다고 생각하지만 그에 대한 포상이 기대에 미치지 못하면 꼭 한두 명은 역심을 품게 마련이다.

제1차 왕자의 난 당시 공신이었던 박포라는 인물은 논공행상論功行賞(공의 있고 없음, 작고 큼을 논해 그에 걸맞은 상을 줌)에 불만을 품고 이방원의 형인 이방간(태조의 넷째 아들)을 부추기기 시작했다. 이방간은 아버지 이성계가 혈육을 죽인 이방원에 대한 극한 분노가 있다는 것을 알고 만약 자신이 이방원을 제거하면 오히려 아버지의 인정을 받을 수 있을 것이라 생각했다. 박포와 함께 군사를 동원한 이방간은 형인 정종에게 이 사실을 미리 알렸다. 하지만 정종의 반응은 싸늘했다. 왕이 된 이후에도 조심 또 조심하며 언행을 했던 정종이기에 동생의 이런 계획을 용인해줄 리 없었다. 자칫하면 자신도 공범이 될 수 있는 상황이었다. 정종은 동생을 타일렀지만 순순히 말을 들을 이방간이 아니었다.

결국 이방간은 난을 일으키고 만다. 여론도, 군사력도 어느 하나 우위를 점하지 못했던 무모한 이 사건을 역사에서는 제2차 왕자의 난이라 부른다. 정종은 강력하게 동생을 응징하려 했다. 이런 상황 속에서 혹 실언이라도 하면 바로 이방원 세력에게 빌미를 줄 수 있기 때문이었다. 심지어 이런 임금의 행동에 동생 이방원이 선처를 호소할 정도였다.

제2차 왕자의 난을 경험한 정종은 불안했다. 비록 자신과 연

조금 뒤에 이방간이 아뢰기를, "방원이 나를 해치고자 하므로, 내가 부득이 군사를 일으켜 공격합니다. 청하건대, 주상은 놀라지 마십시오." 하니, 임금이 크게 노하여, "네가 뜬소문에 혹(惑)하여 듣고 형제를 해치고자 꾀하니, 미치고 패악하기가 심하다. 네가 군사를 버리고 홀로 대궐에 나오면, 내가 장차 너를 용서하겠다." 하였다.
– 정종실록(1400)

임금이 승지를 보내어 가서 방간에게 이르기를, "네가 백주에 개경 한복판에서 군사를 움직였으니, 죄를 용서할 수 없다. 그러나, 골육지정(骨肉至情)으로 차마 주살(誅殺)을 가하지 못하니, 너의 소원에 따라서 외방에 안치하겠다." 하였다.
– 정종실록(1400)

루된 사건은 아니었지만 이 사건은 이방원의 세력을 자극하기에 충분했다. 그들은 최대한 빨리 자신들의 주군을 용상에 앉히고 싶었을 것이다. 세 번째, 네 번째 왕자의 난이 일어나지 않으리라는 법도 없었다. 그래서였는지 난이 진압되자마자 정종은 동생 이방원을 세자로 책봉하기에 이른다.

사실 정종과 이방원은 형제 관계이니 세자가 아닌 세제世弟가 맞다. 이에 대해 많은 반대 상소가 이어졌지만 정종은 굳이 세자 책봉을 고집했다. 아마도 계속되는 불안한 정국 속에서 세제보다는 세자의 지위를 부여함으로써 동생에게 확실히 옥새를 넘길 것이라는 의지를 보여주고 싶었던 것 같다. 실록을 봐도 세제로 정하기를 바라는 목소리가 있었지만 정종은 이를 무시하고 결국 동생을 세자위位에 앉힌다.

—
이때에 한 대신이 말하기를, "옛날부터 제왕이 형제를 세우면 모두 황태제(皇太弟)를 봉하였고, 세자를 삼은 일은 없었습니다. 청하건대, 왕태제(王太弟)를 삼으소서." 하니, 임금이 말하기를, "지금 나는 직접 이 아우로 아들을 삼겠다." 하였다.
– 정종실록(1400)

아버지를 위한 공간 - 덕수궁

이성계가 새 나라를 세운 뒤 10년 동안 많은 이들이 죽었다. 특히 매 사건에 자식들이 연루되었다는 점은 그를 더욱 아프게 했다. 자신이 왕이 된 이후 골육상쟁骨肉相爭 하는 자식들의 모습에 아버지 이성계는 속이 타들어갔을 것이다.

그러다 보니 정종과 세자 이방원은 어떻게든 아버지의 노여움을 풀기 위해 최선을 다했다. 보통 다음 왕에게 옥새를 물려주고 은퇴한 왕을 '상왕上王' 또는 '태太상왕'이라 불렀다. 아들 정종은 개경에 태상왕의 거처를 만들고 궁호를 '덕수궁德壽宮'이라 명하였다. 동시에 임시 부서인 승녕부承寧府를 만들어 태상왕의 의전에 만전을 기했다.

당시 정종이 명한 태상궁의 궁호인 덕수궁은 500년 후 대한제국의 초대 황제로 태황제가 된 고종의 궁호(지금의 덕수궁)로 사용된다.

태상궁(太上宮)의 호(號)를 세워 '덕수궁(德壽宮)'이라 하고, 부(府)를 '승녕부'라 하고 지위를 삼사(三司, 조선 초 재정 담당 부서)의 아래에 두었다. 승녕부 판사 우인렬 등이 태상전에 나아가 인사를 하니, 태상왕의 노여움이 조금 풀렸다.
– 정종실록(1400)

형을 위한 공간 – 인덕궁

두 차례의 난을 모두 제압한 이방원 세력은 자신감이 충만했다. 이방원은 시간이 흘러 왕자의 난에 대한 후유증이 어느 정도 가라앉자 슬그머니 옥새를 넘겨받는다. 그가 조선 3대 임금 태종이다. 제1차 왕자의 난을 일으킨 1398년 이후 2년 만에 그의 뜻대로 왕이 된 것이다. 실록을 보면 울면서 양위를 사양했다고 하지만, 어느 누가 그의 눈물을 믿었겠는가.

태종은 경복궁이 아닌 당시 조선의 수도였던 개경 수창궁에서 즉위했고 정종은 그날로 상왕의 지위를 얻었다. 한 궁궐에 두 명의 왕이 있다는 것 자체가 서로 부담인 것을 잘 아는 태종은 형을 위해 개성에 상왕궁인 '인덕궁仁德宮'의 건립을 명했다. 개경에 지어진 덕수궁(태상왕궁)과 인덕궁(상왕궁)은 모두 정식 궁궐의 형식이 아닌 작은 궁전의 개념이었다.

정종과 태종, 둘의 형제애는 남달랐다. 태종은 더 이상의 형

임금이 본래 풍병이 있었으므로 별궁에 물러앉고 동생에게 선위하니, 동생이 울면서 사양하여도 되지 아니하여, 드디어 수창궁에서 즉위하였다.
– 정종실록(1400)

제간 다툼은 안 된다는 생각에 형을 존중했고, 상왕인 정종 역시 물러난 이후에 절대 정치적 언행을 하지 않았다.

우박이 내리었다. 이날은 상왕(上王)의 탄신일이므로 임금이 인덕전(仁德殿)에 나아가 하례를 행하려고 하였으나, 상왕이 병으로 말미암아 사양하였다. 상왕은 천성이 겸손하여, 임금이 가뭄을 근심하는 것을 알고 번거롭게 하례를 받지 않으려고, 병을 칭탁하여 사양한 것이었다.

– 태종실록(1402)

3

태종

조선의 기틀을
세우다

조선 왕조의 이궁(離宮) - 창덕궁

조선 3대 임금 태종은 경복궁이 아닌 당시 수도였던 개경 수창궁에서 즉위했다. 그러다 보니 한양의 경복궁은 주인 잃은 궁궐이 되고 말았다. 왕위에 오른 태종은 한양으로의 재천도를 시도했다. 왕자의 난에 대한 흉흉한 소문도 점차 가라앉았고, 새 나라는 새 수도에서 시작해야 한다는 생각에서였다.

하지만 수도 이전은 많은 인적, 물적 자원이 동원되어야 하는 국책 사업이므로 왕이 명한다고 해서 쉽게 행해지는 일이 아니었다. 개경으로의 환도가 얼마 전이었는데 또다시 수도이전을 한다고 하면 반대 여론도 만만치 않을 것이다. 역시 명분이 필요했다. 그런데 고민 끝에 그가 선택한 명분은 뜻밖에도 점占이었다. 점괘에 따라 개성에 남을지, 한양으로 재천도할 것인지를 결정하겠다는 것이었다. 그는 몇몇 측근들을 대동하고 종묘에 들어가 동전으로 점을 쳤다. 결과는 예상대로였다. 이를 통해 한양으로의 재천도를 결정한 태종은 수도 이전과 동시에 경복궁의 이궁離宮인 창덕궁의 착공을 명한다. 이로써 조선 왕조는 법궁과 이궁의 양궐 체제를 갖추게 되었다.

지금의 창덕궁 금천교는 1411년 태종실록에 등장하는 돌다리이다. 1411년에 완공되었으니 600년이 훌쩍 넘었다. 이미 승하한 태조를 제외하면 조선의 모든 왕이 이 다리를 건넜다고 해도 무방할 것이다.

여러 신하를 거느리고 조상의 혼백을 모신 묘당에 들어가, 향을 피우고 꿇어앉아 동전을 던지게 하니, 새로 정한 한양은 2길(吉), 1흉(凶)이었고, 개성은 모두 2흉(凶), 1길(吉)이었다. 이에 임금이 한양으로 서울을 천도하기를 결정하였다.
– 태종실록(1404)

향교동 동쪽 가에 이궁을 짓도록 명하고 이궁의 이름을 창덕궁이라 하였다.
– 태종실록(1405)

누각과 침실을 창덕궁에 짓고, 또 진선문 밖에 돌다리를 놓았다.
– 태종실록(1411)

600년의 역사를 품은 창덕궁의 금천교. 뒤로는 진선문이 보인다.

🦕 명당수와 금천교

집을 지을 때는 뒤에 산이 있고 앞에 물이 흐르는 배산임수(背山臨水) 지형을 최고로 꼽는다. 궁궐 역시 마찬가지다. 산자락에 궁궐을 짓고 산에서 흐르는 물을 궁궐 안으로 흐르게 해 배산임수를 맞춘다.

궁궐의 정문을 통과하면 개천이 흐르고 개천을 건너는 돌다리를 놓게 되는데, 궁궐 안의 개천을 금천(禁川), 돌다리를 금천교(禁川橋)라 부른다. 여기에서의 금(禁)은 '금지하다'라는 뜻 이외에 '대궐'이란 뜻도 있다.

경복궁의 금천교는 '영제교(永濟橋)'로, 창경궁의 금천교는 '옥천교(玉川橋)'로 불린다. 금천을 건너면 임금의 영역으로 들어가는 것이니, 금천교는 임금과 백성을 연결해주는 상징이기도 하다.

사신을 위한 불꽃놀이 – 경복궁 영제교

조선 왕에게 사신 접대는 목숨과도 같은 중요한 행사였다. 명 황제의 제가(制可)가 있어야 조선의 왕이 될 수 있기 때문이다. 더군다나 동생을 죽이고 왕이 된 태종의 즉위 과정은 단순한 명분만으로 설명되기가 어려웠다. 혹여 명 황제가 즉위에 대해 문제를 삼는다면 정통성이 훼손되니 천하의 태종 이방원도 사신 앞에서는 긴장할 수밖에 없었다.

사신이 도착하면 왕은 도성 밖으로 마중을 나간다. 사신이 가져온 황제의 칙서는 정전의 용상 위에 올려지고 임금 이하 모든 문무백관은 신하로서 예를 표한다. 예식이 끝난 후에는 왕이 직접 잔치를 베풀어 사신에게 감사의 뜻을 전하는데, 즉위 초인 1403년의 태종실록을 보면 그가 사신 접대에 얼마나 심혈을 기울였고 긴장했는지가 여실히 드러난다.

이렇듯 명나라 사신은 말 한마디로도 조선의 왕을 쩔쩔매게 하는 존재였다. 1418년 명에서 사신이 왔을 때는 태종이 근정전에서 연회를 베푼 후 경복궁의 금천교인 영제교 앞에서 불꽃놀이를 선보이기도 했다.

영제교를 건너면 정전인 근정전의 정문 근정문이 나온다. 태

사신이 아뢰기를, "지난번 사신이 돌아와서 황제께 호소하기를, 조선 국왕이 신을 거만스레 대접하였고, 노왕(老王, 태조 이성계)은 그렇지 않아서 예(禮)로 대접하였으니, 이것은 폐하께 향하는 정성이 후하고 박함이 있기 때문입니다." 하니, 임금이 대답하기를, "내가 어찌 무시하고 거만한 뜻이 있었겠는가? 부디 황제께 잘 전달하여 주기 바랄 뿐이오." 하고, 다례를 행하였다.
– 태종실록(1403)

화려한 불꽃놀이가 펼쳐졌던 장소인 영제교와 근정문

종과 명나라 사신은 근정문 앞에 놓인 의자에 앉아 영제교 위
로 터지는 화려한 불꽃놀이를 감상했다. 실록을 보면 영제교
에서 불꽃의 화려함에 감탄하는 사신의 모습, 또 그 사신의 모
습을 옆에서 물끄러미 바라보고 있는 태종의 표정이 눈앞에
그려진다.

외교란 참으로 어려운 일이다. 국왕의 한마디에 전쟁이 일어
날 수도, 전쟁을 막을 수도 있으니 말이다. 대국을 이웃으로 두
고 있는 조선으로서는 평화를 유지하며 생존할 수 있는 유일
한 길이 바로 사대외교였으니, 조선의 임금은 힘들고 억울해
도 참고 또 참으며 사신을 접대해야 했다.

태종의 용단 – 경복궁 경회루

태종은 강력한 통치력으로 개국 초의 혼란을 잠재우고 국정을 안정적으로 수행했다. 그러나 그에게도 뜻대로 안 되는 일이 있었으니, 다름 아닌 자식 문제였다.

조선의 건국을 건축에 비유하자면 태조가 땅을 사고 태종이 기둥과 지붕을 만든 것과 같다. 이제 다음 왕이 해야 할 일은 실내 공사를 제대로 하는 일이었다. 그런데 술과 여자를 좋아했던 세자인 양녕대군은 갈수록 도가 지나치는 행동을 했다. 문치文治를 할 수 있는 섬세한 성품의 왕이 필요하다고 느낀 태종은 결국 무인의 기질이 있는 세자를 폐위시킨다. 그리고 선택한 이는 훗날 세종이 되는 셋째 아들 충녕대군이다. 서열상으로는 둘째인 효령대군이 먼저였지만, 태종의 마음은 이미 충녕을 향해 있었다.

우여곡절 끝에 충녕대군이 세자가 되었지만 문제는 남아 있었다. 첫째 아들 양녕대군은 10년 이상 세자로서 충분히 제왕 교육을 받았지만, 이제 막 세자가 된 셋째 충녕대군에게는 그럴 시간이 없었다. 조선시대 왕의 평균 수명은 40대 중후반으로, 당시 태종은 이미 40세를 넘긴 상황이었다.

곧 죽음을 앞둔 왕과 이제 막 세자가 된 아들. 이런 상황에서 왕이 죽으면 정치적 혼란은 불을 보듯 뻔했다. 게다가 여전히 양녕대군의 폐세자를 반대하는 이들이 적지 않았으니, 이는 새로운 세자의 정치적 부담으로 남을 수밖에 없었다. 바로 이

세자를 폐하고, 충녕대군으로서 왕세자를 삼았다. 임금이 말하길 "둘째 효령은 내 말을 들으면 그저 빙긋이 웃기만 할 뿐이므로, 나와 중전은 효령이 항상 웃는 것만을 보았다. 셋째 충녕은 천성이 총명하고 자못 학문을 좋아한다. 게다가 정치를 잘 알고 술도 어느 정도 마신다. 만약 중국의 사신을 접대할 때 사신이 술을 권하는데 한 모금도 마시지 못하면 이를 어찌할 것인가. 충녕은 비록 술을 잘 마시지 못하나 적당히 마시고 그친다. 그래서 나는 셋째 충녕으로 세자를 정하겠다." 하였다.
– 태종실록(1418)

때 태종이 꺼낸 묘안이 양위讓位 선언이었다.

태종은 하루라도 빨리 세자를 왕의 자리에 오르게 하여 실전에 투입함으로써 제왕 수업을 받게 하고자 했고, 그사이 자신은 아들에게 정치적 부담을 줄 수 있는 세력들을 정리할 생각이었다. 1418년 태종은 측근들을 경복궁의 누각인 경회루로 불러 양위 선언을 한다. 이 소식을 들은 신하들은 깜짝 놀라며 불가함을 외쳤지만 태종의 결단은 단호했다. 이날 태종의 양위 선언으로 세종이라는 인물이 드디어 우리 역사에 등장하게 된다.

많은 이들은 세종대왕의 업적에만 관심을 갖지만, 사실 세종의 시대는 태종이 만들었다 해도 과언이 아니다. 태종은 자신이 왕이 되는 과정에서 얼마나 많은 사람이 죽어갔는지 누구보다 잘 아는 인물이었다. 다음 세대는 왕위 쟁탈로 인한 국력 낭비가 없어야 한다고 판단한 태종은 폐세자 결정과 새로운 세자에 대한 양위를 결단력있게 진행했다. 또 승하하기 전까지 외척 및 왕자의 난을 함께했던 공신 세력을 철저히 제거함으로써 아들 세종이 덕치德治를 할 수 있는 길을 열어주었다. 그 시작을 알린 곳이 바로 경복궁 경회루이다.

경회루를 바라보고 있으면 대신들을 향한 태종의 단호한 목소리가 들리는 듯하다. "18년간 호랑이 등에 탔으니 이로써 나는 족하다!"

임금이 경회루 아래에 나와 측근들에게 말하길 "내가 왕위에 오른 지 어언 18년이다. 18년간 호랑이 등에 탔으니 이로써 족하다. 이제 세자에게 왕위를 물려주려 한다. 아비가 다른 집안도 아닌 아들에게 전위하는 것은 너무나 떳떳한 일이다. 나의 뜻이 이미 결정된 지 오래니, 고칠 수가 없다. 다시 이를 말하지 말라." 하였다.
— 태종실록(1418)

태종의 양위 결정이 이루어진 경회루

🐉 최고의 누각 경회루

누각이란 1층은 기둥, 2층은 벽이 없이 사방으로 트인 형태의 건물로 대표적인 누각이 경복궁의 경회루다. 현존하는 가장 큰 규모의 누각이기도 한 경회루는 왕실 가족의 휴식 공간뿐 아니라 여름에는 왕의 업무 공간인 편전으로, 때로는 과거시험 장소로, 때로는 기우제를 지내는 제단으로 사용되기도 했다. 기우제는 왕이 동자(童子)들과 함께 도마뱀을 이용해 제사를 지냈는데, 이는 도마뱀이 용과 닮기도 했고 고대 중국에서 한 승려가 도마뱀을 잡아 항아리에 넣고 아이들에게 주문을 외게 했더니 비가 왔다는 이야기에서 기원한다.

임금이 경회루 동편 방에서 도승지 조석문 등을 인견하여 일을 논의하다.
– 세조실록(1457)

임금이 경회루로 나가 무과 전시(武科殿試)를 거행하였다.
– 중종실록(1526)

동자(童子) 70명과 도마뱀을 모아서 경회루 연못가에서 비를 빌었다.
– 세종실록(1425)

4
세종

조선 최고의 성군

대왕 세종, 왕위에 오르다 – 경복궁 근정전

태종의 양위 선언은 대신들을 당황하게 만들기에 충분했다. 양위를 반대하면 눈치 없는 신하가 되는 것이고, 찬성을 하면 왕(태종)에 대한 충심이 부족한 것으로 여겨질 수 있으니 이처럼 난감한 일이 또 있었겠는가. 이는 세자인 충녕도 마찬가지였다. 아버지가 옥새를 준다고 냉큼 받으면 충효를 저버리는 일이 된다. 보통 이런 경우에는 세자 이하 대신들이 대전 앞에서 무릎을 꿇고 양위의 불가함을 주장한다. "전하, 양위는 불가하옵니다. 명을 거두어 주시옵소서!"와 같은 사극의 한 장면이 연출되는 것이다.

그러나 당시 태종의 결심은 확고했다. 다음 날 그는 자신이 타던 가마와 왕권을 상징하는 깃발, 운검(칼), 붉은 양산 등을 세자가 머무르는 동궁전으로 보냈다. 이는 임금에 준하는 예우를 하라는 뜻이 아니라 지금 당장 즉위식을 하라는 어명이었다.

1418년 태종실록의 마지막 대목을 보면 웃음이 절로 나온다. 무릎 꿇고 반대를 외치던 신하들은 세자가 익선관을 쓰고 나오자, "세자는 우리 임금의 아들이다. 우리가 반대할 이유가 없다."며 언제 그랬냐는 듯 바로 즉위식 준비에 들어간다.

양위를 했다고 해서 태종이 아들에게 모든 권력을 넘긴 것은 아니었다. 가장 중요한 인사권과 군사권은 아직 자신의 손에 쥐고 있었다. 결국 중요한 결정은 여전히 태종의 몫이었고,

이 권한으로 태종은 세종에게 정치적 부담을 줄 수 있는 세력들을 제거하기 시작했다.

즉위식 당일인 1418년 8월 10일 오후 5시, 종친과 문무백관이 조복朝服(조정에 나갈 때 입는 의복)을 입고 경복궁 뜰에서 새로운 왕을 기다렸는데, 거기에는 성균관 유생과 바다를 건너온 아랍의 노인들 그리고 승려들까지 함께 있었다고 한다.

즉위식이 시작되자 드디어 새로운 임금의 모습이 보였다. 원유관을 쓰고 강사포를 입고, 근정문을 통과해 한 걸음 한 걸음

"이미 이틀 전에 대보(임금의 도장)를 친히 주어, 세자로 하여금 모든 나랏일을 보게 하였다. 다만 오직 군사, 인사 등의 중대 사안은 내 친히 결정할 것이니 대소 신료들은 모두 나의 뜻을 받들어 협력해 새 임금을 돕도록 하라."
- 태종실록(1418)

조선 4대 임금인 세종대왕이 밟았던 경복궁 근정전의 어도

조심스럽게 어도를 걸으며 근정전에 오르니 조정 안 모든 대소 신료들은 새 임금에 대한 첫 예를 갖췄다. 그리고 이어지는 즉위 교서의 내용은 1418년의 실록과 같다.

세종의 즉위식에 아랍인들까지 왔다고 하니 이는 역사에서 쉽게 찾아볼 수 없는 경사 중의 경사였다. 그는 어도를 걸어 근정전의 옥좌에 앉았다. 이 순간이 어쩌면 우리의 역사와 미래가 바뀌는 순간이었을 것이다.

세종이 없는 우리 역사를 상상할 수 있을까? 정치, 사회, 문화 모든 분야에 그의 손길이 닿지 않은 곳이 없다. 그런 그가 조선의 4대 임금으로 즉위한 현장이 바로 경복궁 근정전이다.

🎖 즉위식의 종류

왕의 즉위식은 일반적으로 상례(喪禮)에 속한다. 그 이유는 보통 선대왕의 국장(國葬) 기간 동안 거행되기 때문이다. 왕이 승하하고 며칠 후 사왕(嗣王, 곧 왕이 될 세자)은 상복을 입고 대행왕(大行王, 승하한 왕)의 시신 앞에서 옥새를 받아 잠시 정전의 정문에 들려 즉위 교서를 반포하게 된다. 그래서 즉위식 장소는 근정문이 되는 경우가 많고 분위기 역시 매우 엄중하다. 이런 즉위식을 사위(嗣位)라 부른다.

반면에 세종의 경우처럼 선왕이 살아 있는 상태에서 옥새를 받는 경우를 선위(禪位)라 하는데, 선위식은 오늘날의 대통령 취임식처럼 경사에 속한 행사가 된다. 즉위 교서 역시 정문이 아닌 정전에 올라 반포하는 경우가 많고, 국내외 인사들이 초청되어 새 임금의 즉위를 축하했다.

한글 반포의 현장 – 경복궁 근정전

한글의 위대함은 두 가지 특징으로 정리된다. 한글은 누가 만들었고 어떻게 만들어졌는지 그 원리가 문서로 남아 있는 유일한 문자이며, 인간이 들을 수 있는 세상 모든 소리를 표기할 수 있는 문자이기도 하다.

인류 최고의 발명품인 한글을 세종대왕은 친히 백성을 가르치는 바른 소리, 즉 '훈민정음訓民正音'이라 명하였다.

훈민정음은 1446년 경복궁 근정전에서 처음 세상에 반포되

"이 달에 임금이 친히 언문 28자를 지었는데, 초성, 중성, 종성으로 나뉘어 그것들이 합해지면 글자가 만들어진다. 무릇 문자에 관한 것과 속어에 관한 것을 모두 쓸 수 있고, 글자 자체는 매우 단순하지만 그 응용이 무궁하니, 이것을 백성들에게 바른 소리를 가르친다 해서 훈민정음(訓民正音)이라고 일렀다."
— 세종실록(1443)

최초로 한글이 반포된 경복궁 근정전 내부

"우리나라의 말이 중국의 한자와 달라 서로 뜻이 통하지 아니하므로, 우매한 백성들이 말하고 싶은 것이 있어도 마침내 제 뜻을 잘 표현하지 못하는 사람이 많다. 내 이를 딱하게 여기어 새로 28자를 만들었으니, 사람들로 하여금 쉬 익히어 날마다 쓰는 데 편하게 할 뿐이다."
– 세종실록(1446)

대사헌 조박이 상언(上言)하길 "집현전은 한갓 그 이름만 있고 실상은 없으니, 청컨대 옛 제도를 회복하여 서적을 많이 비치하고 문신 4품(品) 이상의 직책을 가진 자들이 날을 번갈아 모여서 유교 경서를 강론하게 하소서." 이에 임금이 심히 허락하였다.
– 정종실록(1399)

었다. 용상龍牀에 오른 세종의 모습을 상상해 보자. 한글 창제를 위해 밤새 연구했던 그의 모습이 떠오르고, 그의 입을 통해 전해지는 한글 창제의 이유가 귓가에 들리는 듯하다.

최고 인재들의 연구 기관
– 경복궁 수정전(집현전)

세종의 수많은 업적 뒤에는 신숙주, 정인지, 성삼문, 박팽년, 하위지 등 당대 기라성 같은 인재들이 있었다. 이들은 세종이 만든 학문 기관인 집현전集賢殿에서 밤새 연구에 몰두하며 세종을 보필했다.

사실 집현전은 세종이 처음 만든 것은 아니다. 이미 고려시대부터 학문 연구 기관으로 존재했지만, 그 기능이 유명무실해진 상황에서 1399년 정종 연간 고려의 집현전 제도를 부활시킨 것이다. 세종은 집현전을 기반으로 젊은 인재들을 양성했다. 당시 세종이 선발한 집현전 유학자들은 조선 왕조의 운영 체계를 완성하는 데 많은 역할을 했다. 그러나 그들이 세종에게 항상 우군友軍이었던 것은 아니다. 역설적이게도 한글 창제를 가장 반대하고 나섰던 이들이 집현전의 유학자들이었다.

한글이 만들어지고 백성들이 글을 깨닫는 순간, 특정 소수층이 향유했던 정보는 보편화된다. 그로 인해 백성의 지식 수준이 높아지는 것을 가장 경계하는 집단은 늘 기득권일 수밖에

세종 시대에 최고의 인재들이 연구에 몰두했던 집현전. 훗날 수정전으로 명칭이 바뀌었다.

없다. 수천 년 동안 사용되었던 한자와 그로 인해 형성된 권력을 지키려는 유학자들의 반대는 상상 그 이상이었다.

경복궁 수정전修政殿은 세종 시절 집현전으로 사용했던 건물이다. 세종과 함께 밤새워 연구에 몰두했을 유학자들, 그런 그들에게도 한글 창제는 쉽게 동의할 수 없는 것이었다. 하지만 세종은 그들을 힘으로 꺾으려 하지 않았다. 설득하고, 토론하며, 회유하고자 노력했다. 세종에게 한글 창제의 가장 큰 걸림돌은 한글을 바라보는 기득권층의 편견이었을지도 모른다. 수정전은 바로 그 역사의 현장이다.

🏛 집현전과 궐내각사

궁궐의 주요 전각을 제외하고 대부분 전각들은 사용하는 사람이나 관청에 따라 건물의 기능이 달라지기 마련이다. 집현전의 경우 세조 연간에는 왕실의 주요 서책을 보관하던 도서관 격인 장서각으로, 성종 연간에는 자문 기관인 홍문관으로, 고종 연간에는 편전의 역할을 한 수정전으로 그 기능과 명칭이 바뀌었다.

궁궐 안에 관청들이 모여 있는 영역을 궐내각사(闕內各司)라 부른다. 궁궐 내(闕內)에 있는 각사(各司), 즉 각각(各)의 관청(司)이란 뜻이다. 궐내각사에 위치한 집현전(지금의 수정전) 주변에는 다양한 관청들이 위치해 임금의 정치를 보필했다. 오늘날로 비유하자면 청와대 대통령 집무실 주변에 비서실, 경호실, 행정관실 등의 관련 부서가 있는 것과 같다. 당시 집현전 주위로는 왕의 비서실인 승정원, 자문 기관인 홍문관, 각종 자료를 보관하는 규장

집현전 부제학 최만리 등이 언문의 부당함을 상소하기를, "신 등이 엎디어 보옵건대, 우리 조선은 대대로 내려오면서 지성스럽게 대국을 섬기어 한결같이 중화의 제도를 따랐는데, 언문을 창작하신 것이 만일 중국에라도 흘러 들어가서 혹시라도 비난하여 말하는 자가 있사오면, 어찌 대국을 섬기고 중화를 사모하는 데에 부끄러움이 없사오리까. 이는 스스로 중국을 버리는 일이니 어찌 문명의 큰 흠절이 아니오리까." 하였다.
– 세종실록(1444)

수정전

승정원에 전교하기를, "궐내(闕內)의 각사(各司)로서 불을 둔 곳에서 밤으로 공사(公事) 때문이 아니고서 등(燈)을 켜는 자는 모두 과죄(科罪)하게 하라." 하였다.
– 문종실록(1451)

수정전 앞 잔디밭은 원래 궐내각사 영역이었다.

각, 왕실 병원인 내의원 등 수많은 관청들이 있었다. 그러나 불행히도 지금 수정전 주변은 휑하다. 수많은 궐내각사들은 일제 강점기를 거치면서 다 사라졌고, 헐린 전각 터에는 잔디가 깔렸다.

세종의 과학실 – 경복궁 흠경각

우리나라에서 가장 권위 있는 과학상 중 하나가 '장영실상'이다. 그만큼 장영실은 위대한 업적을 많이 남긴 과학자였다. 물론 그 뒤에는 세종의 아낌없는 후원이 있었다.

당시만 해도 천문天文은 명나라 황제만이 관할할 수 있는 영역이었다. 그래서 백성들은 중국의 시간과 절기에 따라 농사

1월, 흠경각이 완공되어 우승지 김돈이 축사하기를 "드디어 내전 서쪽 뜰에 흠경각이 완성되었습니다. 백성들이 제시간을 알고 그로 인해 농사가 잘돼 풍년이 들면 온 나라가 풍요로워지니 임금의 가장 큰 임무 중 하나는 백성들에게 정확한 시간과 계절을 알려주는 것입니다. 다행히 이곳 경복궁 안에 혼천의, 앙부일구 등 많은 기구들이 만들어져 설치되었으나 궁궐 후원에 설치되어 시간마다 점검하기가 어려워 오늘 이곳 흠경각에 장영실이 물시계를 설치했는데 그 정확함과 쓰임이 기존의 것과는 완전히 다릅니다." 하였다.

−세종실록(1438)

를 지었다. 이를 안타까워했던 세종은 장영실에게 조선의 시간을 알 수 있는 장치를 만들라 명했다. 이는 자칫 명 황제에 대한 도전으로 보일 수도 있었다. 하지만 세종은 결코 포기하지 않았고, 그 과정에서 만들어진 발명품이 바로 물시계, 즉 '자격루自擊漏'였다. 자격루는 스스로自 치는擊 시계라는 뜻이다. 해가 없어도 물의 낙차만으로 기계를 돌려 시간마다 인형이 종을 치니 당시로서는 최첨단 기계였다.

세종은 자신의 침전인 강녕전 옆에 흠경각이라는 전각을 만

경복궁의 대전인 강녕전 옆에 위치한 흠경각

들어 자격루를 설치하게 했다. 당시 흠경각 안에 설치한 자격루를 '옥루玉漏(또는 흠경각루)'라고 하는데, 여기에는 기존의 형태나 기능과는 전혀 다른 작동 원리가 숨겨져 있었다. 1438년 세종실록의 내용을 보면 그 기계의 형태와 기능을 상상해 볼 수 있다.

아마도 세종은 매일 흠경각 안의 옥루를 살펴보았을 것이다. "조선의 하늘은 조선의 것이다." 이 당연한 이야기를 실천한 왕이 세종이었고, 그에게는 그 이상을 실현시켜줄 천재 과학자 장영실이 있었다. 비록 흠경각 안의 옥루는 사라졌지만, 전각 앞에 서면 인형이 치는 종소리가 들리는 듯하다.

🏔 흠경각의 옥루

세종은 흠경각의 옥루 이외에도 경복궁 후원에 천문을 관측할 수 있는 간의대, 경회루 앞쪽에는 대형 물시계인 자격루를 설치했다. 그러나 전쟁, 화재 등으로 대부분 사라지고 말았다. 경회루 앞 자격루는 현대에 와서 복원하는 데 성공해 지금은 국립고궁박물관에 전시되어 있고, 간의대는 조선 후기의 것이 창경궁 내에 남아 있다. 흠경각의 옥루는 자료 부족 등으로 복원이 쉽지 않았으나, 2019년 드디어 복원에 성공해 현재 대전 국립중앙과학관에서 볼 수 있다.

"옥루의 형태와 기능은 이렇습니다. 풀 먹인 종이로 2m 높이의 모형 산을 만들고 사방은 모두 사계절의 경치로 꾸몄으며, 산 위로는 금으로 만든 작은 태양이 설치되어, 밤에는 지고 낮에는 뜨는데 그 움직임이 실제 태양의 움직임과 일치합니다. 그것은 태양 구슬이 모형 산 아래 설치된 물시계의 시보장치와 연결되어 있기 때문입니다. 떨어지는 물의 힘에 의해 각 시간마다 옥으로 만든 인형이 징 등을 치는데 매우 정확합니다. 또한 사방에 농사짓는 모습의 그림이 그려져 임금께서 이걸 보실 때마다 밤낮으로 백성을 사랑하고 농사를 중하게 여기시니, 그 덕이 그대로 전달될 것이옵니다."

— 세종실록(1438)

복원된 흠경각 옥루(국립중앙과학관)

애민 정신의 실천 - 경복궁 경회루

세종의 모든 치적에는 애민愛民의 마음이 있다. 애민은 백성의 고통을 알고 이를 분담하려는 마음이다.

1421년 한양은 봄 가뭄에 돌림병까지 창궐한 상황이었다. 백성들이 죽어가니 세종의 마음이 얼마나 괴로웠을까. 그래서였는지 세종은 경회루 동쪽에 쌓인 목재를 이용해 초가집을 지으라는 명을 내린다. 스스로 초가에 살면서 백성들의 고통을 분담하겠다는 마음이었다. 많은 대신들이 반대했지만 세종의 뜻은 명료했다.

경회루는 부왕인 태종이 아들인 세종을 왕으로 만들기 위해 양위를 발표한 곳이다. 그렇게 왕이 된 세종이 이번엔 경회루에 초가를 지어 살면서 백성의 고통을 알고자 했다. 올바른 정

임금이 경회루 동쪽에 버려둔 재목으로 작은 집 두 칸을 짓게 하였는데, 주춧돌도 쓰지 않고 풀로 덮게 하였으며, 장식을 모두 친히 명령하여 힘써 검소하게 하였더니, 이때에 와서 정전(正殿)에 들지 아니하고 이 별실에 기거하였는데 문밖에 짚자리가 있음을 보고 말하기를, "내가 말한 것이 아닌데, 어찌 이런 것을 만들었느냐. 지금부터는 내가 명한 것이 아니면 비록 작은 물건이라도 안에 들이지 말라." 하였다.
- 세종실록(1421)

세종대왕이 초가집을 지어 살았던 경회루 동쪽

치는 행동하는 양심으로 가능하다. 세종은 군왕으로서의 진정한 양심을 경회루 초가를 통해 보여주었다. 비록 지금은 초가가 남아 있지 않지만, 초가에서 나오는 애민 군주 세종의 모습은 쉽게 상상할 수 있다.

세자 책봉식 - 창덕궁 인정전

세종은 즉위 3년 만인 1421년, 8살의 맏아들 이향을 세자로 책봉했다. 그가 세자 책봉을 서둘렀던 것은 자신의 경험 때문이었다. 태종의 셋째 아들인 그는 세자가 된 지 2달 만에 왕위에 올랐다. 세자로서 제왕 수업을 받기에는 너무나 짧은 기간이었다. 그래서였는지는 모르겠으나 세종은 세자 책봉을 서둘렀다. 아마도 세자만큼은 어려서부터 체계적으로 교육을 받게 하고 싶었을 것이다.

또 하나의 이유는 국정의 안정이다. 세종이 왕이 된 이후에도 폐세자(양녕대군)를 추종하는 세력들은 복위에 대한 여론을 끊임없이 만들어냈다. 이런 상황 속에서 국본國本, 즉 세자가 정해진다면 국정의 안정을 도모할 수 있었기 때문이다.

세종은 창덕궁 인정전에서 세자 책봉식을 거행했다. 법궁인 경복궁 근정전을 두고 인정전에서 거행한 이유는 당시 세종이 창덕궁으로 이어했기 때문이다. 기록에 의하면 세자는 어렵고 복잡한 책봉 의식에 조금도 흐트러짐 없는 자세로 임했다고

임금이 면복(冕服)을 하고 인정
전에 나와 원자 이향을 책봉하여
왕세자로 하였다. 세자가 책(冊)
을 받을 때에 의식을 행하매 모
두 예(禮)에 맞게 하니, 여러 신
하들이 탄복하지 아니하는 자가
없었다.
– 세종실록(1421)

한다.

　불과 3년 전인 1418년, 근정전에서 왕이 된 세종은 이제 부
왕父王으로서 인정전의 왕위에 앉아 세자를 맞이했다. 그러나
당시 책봉식에 참여한 이들은 아무도 몰랐을 것이다. 왕위에
오르고 3년도 지나지 않아 단명하게 될 세자의 운명을 말이다.

1421년 세자 책봉식이 열렸던 창덕궁 인정전

세종의 자녀 교육 – 경복궁 자선당

일반적으로 세자는 '동궁東宮'이란 호칭으로 불린다. 임금이 이미 떠올라 있는 태양이라면 세자는 앞으로 떠오를 태양이고, 태양은 동쪽에서 떠오르기 때문이다. 모든 궁궐의 동쪽에는 세자가 생활하고 공부하는 동궁전 영역이 있다.

세자 책봉 이후 세종은 당대 최고의 학자를 세자의 스승으로

경복궁의 동궁 자선당

삼으며 세자 교육에 정성을 다했다. 세자의 성품과 능력은 곧 다음 세대의 태평성대를 이루는 가장 큰 요인이었기 때문이다.

조선이 개국한 뒤 2대 정종부터 4대 세종까지 세자로서 제대로 된 시간을 보낸 왕이 없었기 때문에 경복궁 내에 동궁 영역은 딱히 마련되지 않았었다. 하지만 세종의 어린 아들이 세자가 되니 마침내 정식 동궁이 세워지기 시작했다.

동궁전인 자선당 건립 이후 세자는 말 그대로 체계적인 제왕 수업을 받게 되었다. 아버지의 적극적 후원과 더불어 타고난 인품이 훌륭했기에 세자는 잘 성장할 수 있었다. 그러나 문제는 체력이었다. 실내에서 책만 읽다 보니 비만이 심해졌고 성격 역시 온순해 숫기가 부족했다. 1431년의 실록에는 세자와 함께 중국 사신을 접견한 세종이 낯을 가리며 수줍어하는 세자의 모습에 실망감을 감추지 못하는 모습을 볼 수 있다.

세손의 탄생 - 경복궁 자선당

수줍음이 많았던 세자는 14살 때인 1427년 세자빈 김씨를 맞이했다. 그런데 김씨의 언행이 좋지 않다는 소문이 궐내에 파다하게 퍼지면서 세종의 귀에까지 들어가게 되었다. 세종은 바로 진상 조사를 명했고, 소문대로 세자빈이 압승술壓勝術(주술이나 주문을 통해 나쁜 기운을 눌러 없애는 일)을 쓰고 몰래 부적을 붙이는 해괴한 짓을 한 것으로 밝혀졌다. 장차 중전이 될 세자

문종의 생활 공간이었던 자선당 내부

빈이 이런 행동을 했으니 세종의 노여움은 하늘을 찔렀고 결국 세종은 세자빈을 궐 밖으로 쫓아내버렸다.

이야기는 여기서 끝이 아니다. 세자는 곧 두 번째 부인인 봉씨를 맞이했으나 불행히도 그녀는 동성애자였다. 이 소식을 들은 세종은 편전(임금이 정무를 보는 전각)인 사정전에 나아가 모두를 물리치고 오직 측근들 몇을 불러 답답한 속내를 털어놓는데, 이는 1436년의 실록에 기록되어 있다.

이렇게 두 명의 부인을 떠나보낸 세자는 세 번째 부인 권씨를 맞이했고 드디어 아들까지 보게 되었다. 훗날 단종이 되는 세손이 태어난 것이다.

그러나 세자빈 권씨는 출산 직후 경복궁의 동궁인 자선당에서 생을 마감하고 만다. 아들을 본 기쁨이 채 가시지도 않은 때

임금이 사정전에 나아가서 도승지 등을 불러 어좌 앞에 나아오게 하여 측근의 신하를 물리치고 말하기를, "요사이 또 한 가지 괴이한 일이 있는데 이를 말하는 것조차도 수치스럽다. (중략) 내가 중궁과 더불어 궁녀 소쌍을 불러서 그 진상을 물으니, '지난해 동짓날에 세자빈께서 저를 불러 내전으로 들어오게 하셨는데, 빈께서 저의 나머지 옷을 다 빼앗고 강제로 들어와 눕게 하여, 남자의 교합하는 형상과 같이 서로 희롱하였습니다.'라고 하였다." (중략) 이에 임금은 봉씨를 폐출시켰다.

– 세종실록(1436)

였다. 첫째, 둘째 부인과는 생이별을 하고, 그나마 정을 나누었던 셋째 부인이 세상을 떴으니 세자와 아버지 세종의 마음은 오죽했을까 싶다.

세손(훗날 단종)이 태어난 자선당 내 세자빈 방

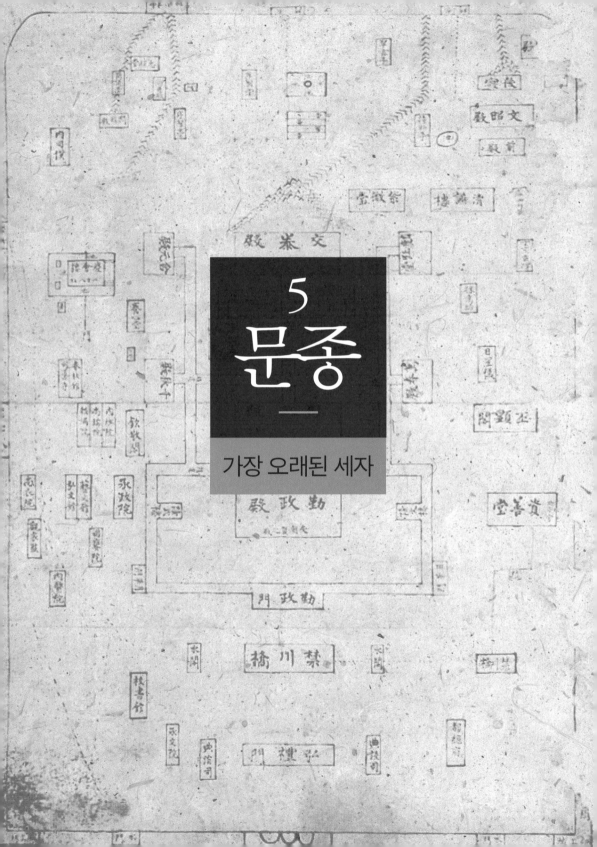

5
문종
—
가장 오래된 세자

문종의 희노애락이 담긴 곳 – 경복궁 자선당

우여곡절이 많았음에도 불구하고 세자에게는 잠시의 틈도 허용되지 않았다. 아버지 세종의 건강이 날로 악화되고 있었기 때문이다. 그러다 보니 자연스럽게 세자에게 국왕의 업무가 전가될 수밖에 없었다.

대리청정 이후 세자의 부담은 날로 커졌다. 잘못된 판단이라도 한다면 그 모든 책임은 본인뿐 아니라 부왕인 세종에게까지 미치는 일이었기 때문이다. 아버지의 몫까지 해내야 했던 세자는 매일 과중한 업무를 감당해야 했다. 오죽했으면 세종 후기의 업적은 모두 세자의 치적이라는 말이 나올 정도다. 세종의 업적이라 말하는 신기전, 측우기 발명 등은 모두 세자의 주도 아래 만들어진 결과물이었다.

1441년 문종은 아마도 세자궁인 이곳 자선당 영역에서 측우기를 개발했을 것이다. 세종이 동궁인 자선당을 건립한 때가 1427년이니 문종은 무려 20년이 넘는 시간을 이곳에서 보냈다(자선당은 건립 초기에는 세종의 편전으로 사용되기도 함).

세종의 병세가 심각해지자 세자는 아들로서의 역할도 다해야 했다. 실록을 보면 부모의 건강 회복을 위해 직접 기도를 드리거나 신하들을 사찰에 보냈다. 특히 세종은 경복궁에 내불당을 지어 개인적인 종교 활동을 하기도 했는데, 세자 역시 세자 시절 내불당에서 많은 시간 기도를 드렸다. 백성에게 모범을 보여야 하는 세자이기에 당연히 감수해야 할 노력이었다.

자선당에서 바라본 근정전의 모습

이런 아들의 노력에도 불구하고, 1450년 세종은 승하하고 만다. 그날 사관이 남긴 '임금은 처음부터 끝까지 올바르게만 하였다'는 실록의 한 줄은 세종의 모든 것을 말해 주기에 부족함이 없다. 그리고 그의 업적 뒤에는 이렇게 세자의 활약이 있었다. 1421년부터 1450년까지 약 30년간 묵묵히 아버지를 보필했던 세자가 있었기에 세종의 치적은 빛날 수 있었다. 그런 그가 드디어 옥새를 받으니 조선 5대 임금 문종이다.

문종은 조선 왕조에서 처음으로 장자승계長子承繼로 왕이 된 인물이다. 2대 정종, 3대 태종, 4대 세종까지 모두 맏아들이 아

—
임금이 영응대군 집 동별궁에서 훙(薨)하였다. (중략) 임금은 처음부터 끝까지 올바르게만 하였다.
– 세종실록(1450)

임금이 면복 차림으로 관 앞에서 선왕의 유언을 받고 빈전(시신이 안치된 전각) 문밖에 나가서 즉위식을 행하였는데, 의식대로 하였다. 임금이 슬피 울면서 스스로 견디지 못하니 옷 소매가 다 젖었다.

– 문종실록(1450)

닌 이들이 왕위를 물려받았다.

즉위식은 선대왕이 승하한 궁궐의 정전에서 치르는 것이 일반적인데, 세종이 영응대군 사저에서 승하한 까닭에 문종은 동생의 집에서 간소하게 즉위식을 할 수밖에 없었다.

이곳 자선당은 세자였던 문종이 수십 년 동안 아버지를 보필하며 제왕 수업을 받았던 곳이다. 아들 단종이 태어난 곳이자, 사랑하는 세 번째 부인이 생을 마감한 곳이기도 하다. 그러니 문종에게 자선당은 인생의 희노애락이 모두 담겨진 전각이었다.

아마도 문종은 매일 아침 자선당을 나선 뒤 근정전을 바라보면서 자신이 통치할 조선 왕조의 모습을 상상했을 것이다. 1427년 자선당이 완공되었으니 즉위와 함께 문종은 무려 20여 년만에 자선당을 떠날 수 있었다.

🏛 자선당과 동궁 영역

동궁전은 엄밀히 말해 동궁 영역이라 불러야 한다. 이곳에는 왕세자의 생활 공간인 자선당과 다양한 수업을 받았던 부속 건물인 비현각 그리고 정전의 역할을 했던 계조당 등이 있다. 세자의 경호를 담당하는 세자익위사나 세자의 스승들이 일하는 세자시강원 등의 건물도 모두 자선당을 중심으로 위치해 세자의 제왕 수업을 도왔다.

그러나 안타깝게도 일제 강점기 동궁 영역의 전각들은 모두 사라지고 만다. 세자의 정당인 자선당은 헐려 일본으로 팔려가

자선당 옆 세자의 학습 공간인 비현각 내부

는 수모를 겪었다. 이렇게 사라진 전각 터에는 총독부 박물관이 들어섰다. 다행히 1990년대 들어 복원 사업이 시작되어 현재는 자선당과 비현각이 제 모습을 찾았고, 계조당은 복원 중이다.

예조에 전지하기를, "왕세자가 계조당에서 조참(朝參, 백관이 한 달에 네 번씩 정전에 모여 임금에게 문안하고 할 말을 아뢰던 일)할 때에 백숙(伯叔, 네 형제 가운데 맏이와 셋째)과 사부(師傅)는 출입에 추창(趨蹌, 예도를 갖추어 허리를 굽히고 빨리 걸어감)하지 말게 하라." 하였다.
– 세종실록(1443)

군사력 강화를 위한 문종의 노력
- 경복궁 후원 충순당

임금이 영응대군 사저에서 경복궁으로 돌아와 충순당(忠順堂)에 들었다. 충순당은 궁장(宮墻) 밖에 있어 궐내와 서로 막혔는데, 이때부터 국상이 끝날 때까지 궁중에 들어가지 않고 항상 이 당(堂)에 거처하였다.
– 문종실록(1450)

즉위식을 치른 문종은 환궁 후 바로 임금의 침전인 강녕전으로 들지 않았다. 자신의 불효로 부왕이 승하했다고 여겨서였는지는 모르겠으나 그는 대전 대신 경복궁 북쪽 궁장 밖의 초라한 전각에서 생활을 했다. 그리고 국장 기간 내내 아들로서의 마지막 효를 다했다. 그러니 재위 기간(1450~1452년) 동안 문종의 정치적 행보는 대부분 실록에 나온 충순당에서 이루어졌다고 봐야 한다.

문종의 시대는 무武의 시대였다. 세종실록에 기록된 숫기 없는 세자의 모습과는 전혀 다르게, 임금이 된 뒤 문종은 스스로 병법을 연구하고 무기 개발에 많은 공을 들였다. 또한 무과 시험을 직접 주관해 시행하기도 했다.

문종이 이런 정책을 추진한 이유는 당시 동북아 정세로부터 영향을 받았기 때문이다. 중국의 역사는 한족漢族과 북방 민족 간 쟁탈의 역사라고 할 수 있다. 한족이 세운 송宋을 북방 몽골 제국의 후예들이 멸망시키고 원元을 건국했지만, 원은 다시 한족에 의해 멸망하여 국호가 명明으로 바뀌었다(이후 북방의 여진족이 세운 청淸이 명을 멸망시키고 중원을 차지했다).

조선 초기에 명나라는 북방의 몽골족에게 무역을 허가하며 그들을 회유하는 정책을 썼다. 그러나 시간이 지날수록 무역량이 늘어나고 밀무역이 성행하자 명은 강압적인 정책을 사용하는데 이 과정에서 불만을 품은 몽골계인 오이라트(Oirat)족이 명을 침략해 황제를 납치한 것이다. 이 사건으로 가장 긴장한 나라는 다름 아닌 조선이었다. 고려 말부터 조선 초기까지 압록강 이북에 자리를 잡은 여진족이 호시탐탐 도발을 하던 터라 결코 남의 일이 아니었다.

1449년이면 사실상 세자인 문종이 국정을 운영하던 때였다. 즉위 이후 문종은 세자 시절 개발한 신기전을 실전에 배치했고, 심지어 경복궁 내에 직접 무기 제작소를 만들기까지 했다. 오늘날로 치면 청와대 내에 국방연구소를 만들어 대통령이 직접 지휘, 감독한 것이다. 이에 유학자 신숙주는 궐내에 무기를 연구하는 이들이 너무 많다며 그 수를 줄이라는 청을 하기에 이른다.

1451년 실록의 대화는 문종이 경복궁의 후원 영역인 충순당에서 생활했던 시기의 기록이다. 충순당 뒤에는 경복궁의 후원이 있었다. 특히 신무문 밖 오늘날의 청와대 영역에는 넓은 평지가 조성되어 임금이 직접 군사 훈련을 하는 장소로 활용되었다. 아마도 문종은 자신의 주도하에 개발, 제작된 무기들을 후원에 배치해 직접 실험을 했을지도 모른다.

불행히도 경복궁의 후원 영역은 일제 강점기에 총독부 건물이 들어서며 사라졌고, 광복 이후에는 오늘날의 창와대가 자리를 잡았다. 비록 충순당도, 후원도 모두 사라지고 없지만 신무문에 그려진 용맹한 현무와 함께 후원을 바라보면 어디선가 화포 소리가 들리는 듯하다.

"황제가 달달(達達, 몽골)을 친히 정벌하다가 잘못하여 오랑캐의 나라에 잡혀갔으므로, 황제의 아우가 즉위하였나이다." 하니, 임금이 듣고 깜짝 놀라어, 의정부와 육조를 불러 이르기를, "황제가 잘못 오랑캐에게 잡혀가고 새 황제가 즉위하여 이 같은 큰 변이 있으니, 국방을 더욱 경계하고 엄하게 해야 할 것이다." 하였다.
– 세종실록(1449)

신숙주가 아뢰기를, "궐내에 공인들이 너무 많으니, 청컨대 그 수를 줄이소서." 하니, 임금이 말하기를, "군기(軍器)를 수련하는 것은 나라의 큰일이니, 그만둘 수 없다." 하였다. 신숙주가 응대하기를, "이는 비록 큰일이나, 관련 부서에게 맡김이 마땅한데, 어찌 반드시 궐내에서 하겠습니까?" 하니, 임금이 말하기를, "아니다. 준비가 있으면 우환이 없으며, 또 빨리 하고자 한 것이다. (중략) 언관(言官)이 흔히 궐내에서 군기를 보수하는 것을 그르다고 하는데, 아마도 내관으로 하여금 감독하게 하는 것을 싫어하기 때문이리라. 그러나 빨리 이루려면 이들에게 시켜야 하며, 관련 부서에게 맡기면 쉽게 성취하지 못한다." 하였다.
– 문종실록(1451)

문종이 세종의 국장 기간 동안 생활했던 곳으로 추정되는 충순당 옛터. 지금은 태원전이 들어서 있다.

내불당으로 사용되었던 문소전 자리에는 현재 국립민속박물관이 위치하고 있다.

🐾 사라진 문소전과 충순당

얼마 전 복원된 조선 전기 〈경복궁도(景福宮圖)〉 족
자에는 문소전과 충순당이 묘사되어 있다. 세종 대에
내불당(內佛堂)으로 사용했던 문소전은 원래 태조와
태조비 신의왕후의 위패를 모시던 사당이었다. 1800
년대 고종 연간 경복궁이 중건되면서 문소전 터에는
선원전(역대 임금들의 어진을 모시는 전각)이 건립되었
다. 그러나 일제 강점기에 헐렸고, 그 자리에는 현재
의 국립민속박물관이 들어서 있다.

또한 문종이 세종의 국장 기간 동안 생활했던 충순
당은 경복궁 북문인 신무문 바로 안쪽에 있는 것으로
보아 오늘날 태원전 영역으로 추정할 수 있다.

다만 문종실록에서는 충순당을 궁장 밖에 위치한
전각이라고 했다. 아마도 지금의 경복궁 북쪽 영역
(태원전 등)이 조선 전기에는 후원 영역이었을 확률이
높다.

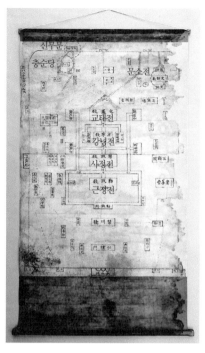

조선 전기 경복궁의 모습을 추정할 수 있는 〈경복궁
도〉 (서울역사박물관). 북쪽으로 충순당과 문소전이 묘
사되어 있다.

6
단종

비운의 어린 왕

고명대신들의 운명이 갈린 곳
- 경복궁 근정문

세자 시절의 과도한 업무로 인해 건강이 좋지 못했던 문종은 1452년 어린 세자를 두고 경복궁의 대전 강녕전에서 승하한다. 재위 2년 4개월 만의 일이니, 부왕인 세종의 삼년상도 치르지 못하고 생을 마감한 것이다.

문종의 승하로 12세의 어린 세자가 근정문 앞에서 즉위했다. 조선 6대 임금 단종이다. 단종은 부왕의 시신을 경복궁의 편전인 사정전에 모시고 혼전魂殿은 자선당으로 정했는데, 자선당은 아버지 문종이 인생의 절반 이상을 보낸 곳이기도 했다. 혼전은 임금의 국장 뒤 삼 년 동안 신위(죽은 사람의 영혼이 의지하는 자리)를 모시던 전각으로, 삼년상이 끝나면 신위는 종묘로 옮겨진다.

어린 왕이 등극하면 대비나 왕대비 등의 왕실 어른이 수렴청정垂簾聽政을 하기 마련이나 단종은 그렇지 못했다. 태어나자마자 모후인 세자빈 권씨를 잃었고, 할머니인 소헌왕후마저 승하했으니 궐내에 어른이 없었다. 그러다 보니 자연스럽게 김종서, 황보인 같은 문종의 고명대신顧命大臣(선대왕의 유언을 들은 신하들)들에게 권력이 쏠리기 시작했다.

당시 대신들은 황표정사黃標政事로 국정을 운영했다. 왕의 가장 중요한 권한인 인사권을 행할 때 황보인, 김종서 등의 대신들은 그들이 낙점한 인물의 이름에 누런 종이를 붙였고, 단종

임금이 강녕전에서 훙(薨)하시니, 춘추가 39세셨다.
- 문종실록(1452)

임금이 근정문에서 즉위하고 교서를 반포하였다.
- 단종실록(1452년)

국장 도감(임시관청)에서 아뢰기를, "자선당을 수리하여 대행 대왕(돌아가신 왕)의 혼전(魂殿)으로 삼으소서." 하니, 그대로 따랐다.
- 단종실록(1452년)

7월 2일 이조, 병조의 당상이 의논에 참여하여, 제수하는 장수와 수령은 반드시 3인의 성명을 썼으나, 그중에 쓸 만한 자 1인을 취하여 황표(黃標)를 붙여서 아뢰면 임금이 다만 붓으로 낙점(落點)할 뿐이었다. 당시 사람들은 이를 '황표정사(黃標政事)'라고 일컬었다.
- 단종실록(1452)

은 이를 그대로 따라서 임명했던 것이다.

왕의 인사권을 좌지우지할 정도였으니 단종 연간 고명대신들의 권력은 실로 막강했다. 게다가 그들은 왕실의 대군들 집에서 분경奔競하는 것을 금하기까지 했다. 분경은 분추경리奔趨競利의 줄임말로 벼슬을 얻기 위해 권력자들의 집에 드나들며 청탁하는 행위를 말한다.

이 같은 대신들의 강한 권력 행사에 대해 정치적 야욕이 넘쳤던 수양대군(세종의 둘째 아들이자 문종의 동생)은 노골적으로 불만을 표출했다. 당시 수양대군의 집에는 밤낮으로 사람들이 들락거렸으니 분경 금지는 수양대군의 손발을 묶는 것과 다름없었다.

수양대군과 김종서의 세력 다툼은 점점 격화되었고, 김종서의 정책에 수양대군도 가만히 있지는 않았다. 우선 단종과 가까운 혜빈 양씨를 궁궐에서 쫓아냈다. 혜빈 양씨는 세종의 후궁으로 단종의 모후인 세자빈 권씨가 산후통으로 죽자 단종에게 자신의 젖을 물리며 사실상 단종을 키운 인물이었다. 세종이 승하한 뒤 법에 따라 그녀는 출궁을 했으나, 단종의 요청으로 다시 궐 안으로 들와 단종을 보살폈다. 수양대군은 비록 아버지 세종의 후궁이었지만 혜빈 양씨가 궐내에서 김종서 세력과 결탁해 단종의 눈과 귀를 막는다고 판단했다. 그래서 그녀 대신 문종의 후궁인 귀인 홍씨의 품계를 올려 단종을 보필하게 만들었다.

참고로 단종실록은 훗날 수양대군이 왕위를 찬탈한 후 작성된 기록으로, 어찌 보면 수양대군의 시각이 많이 반영된 기록물이다. 김종서, 황보인 등은 세종 대부터 충신으로서 그 역할을 했고, 혜빈 양씨 또한 단종을 직접 키운 어머니 같은 존재였다. 그런데 그들이 어찌 반역을 할 수 있었겠는가. 하지만 수양대군의 입장에서 보자면, 아버지 세종도 숙부인 양녕대군을 대신해 왕이 되었고, 할아버지 태종 역시 동생을 살육하고 옥좌의 주인공이 되었으니, 그에게 왕위 찬탈은 결코 비현실적인 일이 아니었다.

단종은 숙부인 수양대군이 어머니와도 같은 혜빈 양씨를 쫓아내는 광경을 고스란히 지켜보았다. 어린 나이로는 도저히 감당하기 힘든 충격이었을 것이다. 그래서인지 단종은 궐 밖 시어소時御所(임금이 임시로 머무르는 집)에서의 생활이 잦았는데, 주로 누이인 경혜공주의 집에 머물렀다. 당시 유일한 혈육이었던 친누이의 집은 단종에게 정쟁의 궐에서 벗어나 심리적으로 안정을 주는 유일한 장소였다. 그러나 왕이 궐 밖에 있다는 것은 정치적 불안감을 가속시키는 것이었기에 1453년 단종실록의 내용처럼 김종서와 황보인 등은 끊임없이 환어를 요청했다.

단종의 궐 밖 생활로 정궁인 경복궁은 한동안 비어 있게 되었다. 그럴수록 수양대군과 김종서 간의 갈등은 점점 심해졌고, 계유년인 1453년 수양대군 일파는 고명대신들의 세력을 하룻밤 사이에 처단하는 쿠데타를 일으켰다. 이 사건을 역사에서는 '계유정난癸酉靖難'이라 부른다. 수양대군은 경복궁의 후

황보인이 아뢰기를, "나라의 풍속이 여름에 피접을 나가면 가을을 기다려 돌아오는 것인데, 지금 처서(處暑)가 이미 지났으니, 환궁하심이 어떠하겠습니까?" 하니, 임금이 전교하기를, "여기 있으니 심신(心神)이 함께 편하다. 그러나 대신이 말한 것이니, 마땅히 의정부에서 의논할 것이다." 하였다.
 – 단종실록(1453)

수양대군이 김종서의 집에 이르니 (중략) 김종서에게 이르기를, "청을 드리는 편지가 있습니다." 하고, 김종서가 편지를 받아 물러서서 달에 비춰 보는데, 이때 임어운이 철퇴로 김종서를 쳐서 땅에 쓰러뜨렸다.
 – 단종실록(1453)

원에서 궐기를 한 후 정적인 김종서의 집을 찾아가 그를 제거한다.

그리고는 곧바로 경혜공주의 집에 머물던 단종을 찾아가 상황의 심각성을 알리고 단종에게 모든 대신들의 입궐을 명하라고 청하며, 특히 궐 안에 들어올 때는 시종하는 이들 없이 혼자 들어오도록 했다. 여기서 등장하는 것이 그 유명한 한명회의 살생부殺生簿다. 실록에는 직접 언급되지 않았지만 조선 후기 이긍익이 쓴 《연려실기술》에는 세조의 최측근이었던 한명회가 살생부를 만들어 문을 통과할 때 그 이름이 살생부에 있으면 죽였다고 한다.

그렇다면 바로 그 문은 어디일까? 실록에는 '제3문'이라는 기록이 있다. 경복궁의 첫 번째 문이 광화문이고, 두 번째 문이 홍례문이니 세 번째 문은 근정전의 정문인 근정문으로 추정할 수 있다. 근정문은 양쪽으로 협문(오른쪽은 일화문, 왼쪽은 월화문)이 있는데, 살생부에 따라 살려줄 이들은 왼쪽 문으로, 죽여야 할 반대 세력은 오른쪽 문으로 들어가게 해 생사를 정했다고도 한다.

계유정난의 성공으로 수양대군은 무소불위의 권력을 휘두를 수 있었다. 할아버지 태종이 왕자의 난 직후 형을 내세워 정치를 했던 것에 반해, 수양대군은 자신이 직접 전면에 나서서 정치를 했다. 당시 수양대군의 감투는 영의정을 비롯해 경연을 주관했던 영경연사, 문무관의 인사를 담당했던 판이병조사 그리고 천문 관측을 담당한 영서운관사까지였으니, 사실상 인

조극관, 황보인 등이 제3문에 들어오니, 함귀 등이 철퇴로 때려 죽이고 (하략)
– 단종실록(1453)

수양대군을 영의정부사(領議政府事), 영경연서운관사(領經筵書雲觀事) 겸 판이병조사(兼判吏兵曹事)로 삼고 (하략)
– 단종실록(1453)

계유정난의 참혹한 현장으로 추정되는 경복궁 근정문의 오른쪽 협문인 일화문

하교하기를, "내가 어린 나이로 큰 기업(基業)을 이어 지키어 어찌할 바를 알지 못하여, (중략) 수양대군으로 하여금 정사를 보좌하게 하여, 군국의 중한 일을 모두 위임 총치(總治)케 하여 내가 정사를 친히 할 날을 기다려야 하겠다." 하였다.

– 단종실록(1453)

사권과 병권까지 쥔 일인자가 된 것이다. 계유정난이 일어난 다음 날, 실록에는 단종이 숙부인 수양대군에게 모든 것을 위임한다는 내용이 실려 있다.

근정문은 불과 1년 전 단종이 즉위식을 거행했던 곳이기도 하다. 아버지를 잃고 울면서 즉위했던 어린 왕의 모습을 바라보며 고명대신들은 어떤 생각을 했을까? 그들 모두 세종의 사랑을 한몸에 받았던 신하들이었다. 아마도 문종을 먼저 보낸 죄책감과 손자인 단종을 잘 보필해야겠다는 책임감으로 가득했을 것이다. 하지만 진심 어린 충성을 맹세했던 그들은 불행히도 단종이 즉위한 이곳에서 생을 마감하고 만다.

역사는 승자의 기록이다. 특히 쿠데타 등으로 집권한 이들은 이전의 조정을 평가 절하하기 마련이다. 그래야 자신들의 행동이 정당화되기 때문이다. 그러다 보니 단종실록에 등장하는 고명대신들은 무지막지한 역도로 묘사되어 있는 경우가 많다. 그러나 역사는 시간이 지날수록 객관화된다. 정난 세력들이 아무리 부정적으로 기술할지언정, 500여 년이 지난 지금 김종서, 황보인 등은 만고의 충신으로 평가받고 있다.

어린 왕의 피눈물 – 경복궁 경회루

경회루

모든 권력 기관을 장악한 정난 세력에게 사실상 왕은 수양대군이었다. 심지어 단종의 큰할아버지인 양녕대군마저 수양대

단종이 수양대군에게 옥새를 넘겼던 장소인 경복궁 경회루

군에게 옥새를 넘기라고 노골적으로 말할 정도였으니, 단종은 더 이상 버틸 수가 없었다.

결국 도승지 성삼문을 부른 단종은 수양대군에게 양위 교서를 내릴 것을 명한다. 성삼문은 세종 대의 대표적인 집현전 학자로 단종을 보필하기 위해 많은 노력을 한 인물이었다. 그는 눈물을 흘리며 양위를 반대했지만 소용없었다. 어린 왕에게는 모든 것이 두려울 뿐이었다. 1455년 단종은 경복궁 경회루로 나아가 숙부의 손에 옥새를 쥐어준다. 재위 3년 만의 일이다.

1418년 이곳 경회루에서 태종은 아들 세종에게 양위를 선

내관이 전교를 선포하기를, "상서사(옥새를 보관하는 관청) 관원으로 하여금 대보를 들여오라는 분부가 있다."고 하니, 모든 대신들이 서로 돌아보며 얼굴빛이 변하였다. (중략) 임금이 경회루 아래로 나와서 수양대군을 불렀으나, 엎드려 울면서 굳게 사양하였다. 임금이 손으로 대보를 잡아 수양대군에게 전해 주니, 그가 더 사양하지 못하고 이를 받고는 오히려 엎드려 있으니, 임금이 명하여 부축해 나가게 하였다.

– 세조실록(1455)

언했다. 그리고 같은 자리에서 37년 후 세종의 손자 단종이 숙부에게 양위를 했다. 만약 당시 14살이었던 단종이 왕위에서 조금만 더 견뎌냈더라면 우리의 역사는 또 어느 방향으로 흘러갔을까?

🐝 경회루 철조망의 비밀

근정전이나 경회루처럼 큰 규모의 전각에는 어김없이 철망이 쳐져 있다. 이유는 새들의 배설물 때문이다. 임금이 거둥하는 건물에 새의 배설물이 묻어 있으면 미관이나 위생상 결코 좋을 리가 없다. 그래서 아예 새가 앉지 못하게 철망을 설치한 것이다. 이 철망을 '부시(罘罳)'라고 부른다.

임금이 전교하였다. "경회루에 들비둘기가 깃들고 있으므로 더 럽혀져서 칠을 다시 해야 하는데, 이 폐단이 끝이 없을 것이다. 그러니 철망(鐵網)을 만들어 둘러친다면 만드는 공력은 쉽지 않겠지만 한번 만든 뒤에는 비둘기가 깃들 수 없을 것이다. 이 뜻으로 담당자를 불러 당상관에게 물어서 아뢰게 하라." 하였다.
– 세조실록(1520)

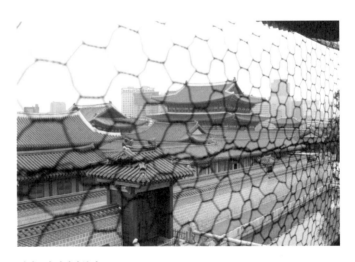

경회루에 설치된 부시

7
세조

권력을 얻기 위해
천륜을 등지다

어린 임금을 향한 충절 - 경복궁 사정전

경회루에서 조카에게 옥새를 받은 수양대군은 당일 근정전에서 조선 7대 임금으로 등극한다. 왕이 살아 있는 상태에서 옥새를 넘기는 행위인 선위禪位는 일반적으로 정전에서 행해지는 경우가 많다. 수양대군 역시 근정문이 아닌 근정전에서 즉위식을 거행했다.

세조 즉위 이후 조카인 단종은 상왕이 되었다. 상왕이란 나이가 들어 세자에게 옥새를 넘긴 은퇴한 왕을 말하는데, 상왕의 나이가 즉위한 왕의 아들뻘이다. 생물학적으로도 상왕이 오래 살 수밖에 없다.

그러니 조카가 상왕이 된다는 것 자체가 정치적 명분이 떨어지는 상황이었다. 정치란 명분이 없으면 반드시 역효과가 나기 마련이다. 성삼문, 박팽년 등을 중심으로 세조의 왕위 찬탈에 대해 불만을 품은 이들이 모이기 시작했고, 결국 그들은 단종을 다시 왕으로 앉히려는 거사를 모의하기에 이른다.

성삼문의 아버지 성승은 세조의 운검雲劍(왕의 최측근 경호원으로 별운검이라고도 한다)으로, 그들은 1456년 창덕궁에서 열릴 예정인 연회에서 세조를 제거할 계획을 세웠다. 그러나 연회 직전 이를 눈치챈 측근 한명회가 운검을 전각 밖으로 배치하면서 거사는 실패로 끝이 났다. 더욱이 이 거사에 참여했던 김질과 정찬손이 세조에게 실토를 하면서 단종 복위 계획은 수포로 돌아가고 만다.

세조가 사육신들을 친국했던 경복궁 사정전 앞뜰

이 사건에 대한 세조의 분노, 특히 성삼문에 대한 배신감은 대단했다. 아버지 세종 시절 집현전 학자로 활약했던 성삼문을 세조가 많이 신임하고 있었기 때문이다. 믿고 아끼던 신하가 자신을 죽이려 했으니 그 배신감이 어떠했겠는가.

세조는 역모자들을 직접 친국親鞫하겠다며 경복궁 사정전 앞마당으로 나갔다. 그리고 소가 끄는 수레에 사지를 묶어 찢어 버리고 목을 잘라 거리에 걸게 하는 참형을 내린다. 이는 그만큼 세조의 분노가 컸다는 증거이기도 했다. 하지만 여기서 끝이 아니었다. 한명회를 중심으로 한 세조의 친위 세력들은 상왕인 단종을 이 사건에 연루시켜 신분을 노산군으로 강등하고 강원도 영월로 귀양 보냈다.

이후로도 집권 세력은 집요하게 단종을 압박했고 심지어 역모죄로 사사하라는 주청까지 올린다. 그 중심에는 단종의 큰할아버지 양녕대군이 있었다. 동생인 세종에게 세자위를 주고 궐을 떠난 그가 세조 편에 서서 단종을 죽이라는 청을 한 것이다. 그러나 세조는 조카를 죽이라는 명을 감히 내리지 못했다.

세조가 꿈꾸었던 미래는 자신이 조카 대신 더 열심히 정사를 살피고, 조카를 상왕으로 여기며 끝까지 보살펴주는 것이었을지도 모른다. 그러나 정치는 왕 혼자 하는 것이 아니다. 더 큰 화를 막는 차원에서라도 집권 세력에게 단종은 반드시 죽어야 할 인물이었다.

이는 권력의 속성상 당연한 일이었다. 이방원은 천륜을 버리고 어린 동생 이방석을 죽였다. 이방석이 살아 있는 한 그를 추종하는 세력들은 언제든 복위를 꿈꿀 수 있기 때문이다. 단종 복위 사건도 비록 실패로 끝났지만, 단종이 살아 있는 한 제2, 제3의 복위 운동은 계속 일어날 것이었다.

1457년 실록에는 단종의 죽음에 대한 기록이 나온다. 스스로 목숨을 끊었다는 내용이지만, 당시 어느 누구도 단종이 자살했다고 생각하지 않았다.

역사에 만약은 존재할 수 없지만, 그럼에도 불구하고 만약 세조의 운검인 성승이 거사에 성공했다면, 그래서 단종이 다시 왕으로 복위했다면 사정전 앞마당에서 친국을 받을 이들은 누구였을까? 아마도 성삼문을 위시한 사육신死六臣이 아니라 한명회, 신숙주 등 세조의 측근들이 아니었을까 싶다.

노산군이 스스로 목매어서 졸(卒)하니, 예(禮)로써 장사 지냈다.
– 세조실록(1457)

사정전

불심에 의지했던 왕의 공간
- 경복궁 함원전

정난 과정에서 혈육(금성대군)을 죽이고, 부왕인 세종이 아끼는 대신들을 도륙하고, 심지어 조카인 단종까지 죽음으로 몰아간 이들은 결국 수양대군을 왕으로 앉히고 권력을 잡았다. 그러나 이 모든 업보는 세조 자신의 몫이었다. 측근들이 퇴궐하고 침전에 홀로 남은 세조의 마음은 어떠했겠는가. 아마도 형언할 수 없는 두려움이 앞섰을 것이다. 그 때문인지 세조는 누구보다 불심에 의지했다. 유교에서 절대적으로 신봉하는 충과 효를 모두 저버렸으니, 그의 이런 행보는 당연한 것일지 모른다.

세조는 불교계에 많은 공헌을 한 왕이다. 대신들의 반대에도 불구하고 그는 승려인 신미 등을 시켜 간경도감刊經都監(불경의 번역 및 간행 사업을 위해 설치한 관청)을 설치하고 각종 불경을 한글로 번역했다. 뿐만 아니라 해인사, 용문사, 상원사 등 전국의 사찰을 증수하거나 창건하는 등 많은 후원을 아끼지 않았다.

심지어 세조는 경복궁 내전에 있는 전각에 불상을 들이기까지 했다. 지금까지 내불당(문소전)은 내전 밖 북쪽(후원 영역) 구석에 작은 사당 정도의 규모였는데, 아예 침전 옆 전각인 함원전을 내불당으로 만들어버린 것이다.

불교와 관련된 세조실록의 기록을 보면 비현실적인 사건들이 많이 기록되어 있다. 특히 세조는 자신의 숙부인 효령대군을 가까이 했다. 효령대군은 세종의 둘째 아들로 불교에 심취해 출궁 후 승려가 된 인물이다. 1464년 실록에는 효령대군이 불교 행사를 하는데 부처의 사리 수백 개가 나타나 이를 경복궁 함원전에 봉안했다는 기록이 나온다.

실록의 내용처럼 세조는 도성 안에 원각사라는 사찰과 함께 높은 석탑까지 세웠는데, 그 뒤 원각사는 사라졌고 그 자리에는 우리나라 최초의 근대 공원인 탑골 공원이 들어섰다. 다행히 그 탑은 오늘날까지 전해져 국보 제2호로 지정되었다(원각사지 10층 석탑).

인류의 역사를 보면 정치는 종교를 이용해 민심을 움직였고,

처음으로 간경도감(刊經都監)을 설치하고, 도제조, 부사, 판관 등을 두었다.
– 세조실록(1461)

불사(佛事)를 함원전(含元殿)에서 행하였다.
– 세조실록(1463)

임금이 명하길 "근일에 효령대군이 회암사(檜巖寺)에서 법회를 베푸니, 부처가 나타나고 감로(천하가 태평하면 하늘에서 좋은 징조로 내린다는 단맛이 나는 이슬)가 내렸다. (중략) 그 빛이 대낮과 같이 환하였고 여러 빛깔의 안개가 공중에 가득 찼다. 또한 부처가 수십으로 분신하고 그 사리(舍利)가 수백 개였는데, 곧 그 사리를 경복궁 함원전에 공양하였다. 이와 같이 기이하고 복된 조짐은 실로 만나기가 어려운 일이므로, (중략) 도성 안 회암사 터에 원각사(圓覺寺)를 세우고자 한다." 하였다.
– 세조실록(1464)

종교는 정치를 이용해 교세를 넓혔다. 불교의 폐단을 명분으로 역성혁명을 이룬 조선의 위정자들이었지만 개인적으로는 여전히 불교를 믿었다. 태조도, 세종도 모두 절실한 불교 신자였는데 특히 세조는 어느 왕보다 불교에 많은 공을 들였다. 그의 이런 불심은 앞서 언급했듯 유교에서 용인될 수 없는 그의 폐륜적 행적에서 기인한 것이겠지만, 조금 더 들여다보면 불교를 이용해 자신의 왕권 찬탈을 미화하려는 속내도 있었다.

조선 초기인 세조 대에는 불교가 백성들 사이에 여전히 영향력 있는 종교였다. 세조는 불교와 관계된 이야기에 자신을 연관시킴으로써 스스로를 신성시했고, 이로써 왕위 찬탈의 정당성을 만들어갔다. 동시에 자신에 대한 좋지 않은 민심 또한 불교를 통해 해결하고자 했다.

1464년 실록에 적힌 '부처가 분신分身하여 수백 개의 사리가 나오고, 심지어 형형색색의 안개가 가득 찼다'는 세조의 말은 누가 봐도 비현실적이다. 이밖에도 세조 대에는 유독 불교와 관계된 야사가 많이 전해진다. 문수보살이 세조의 등을 닦아주자 피부병이 나았다는 이야기, 법주사로 가던 세조의 가마에 걸린 나뭇가지를 스스로 들어 올린 소나무 이야기(천연기념물 제103호 정이품송)까지, 이런 사연들은 백성들 사이에 회자되며 정치적으로 영향을 미쳤다.

함원전은 경복궁의 중궁전인 교태전 옆에 위치해 있다. 숭유억불이 국시인 조선 왕조 정궁에 불당이, 그것도 내전 안에 있다는 것은 역설적인 모습이다.

세조의 불심이 담긴 전각인 경복궁 함원전

500년 전 세조는 함원전 안 불상 앞에서 어떤 마음으로 기도를 했을까? 자신의 왕위 찬탈을 윤색하려 했을까? 아니면 속죄의 눈물을 흘렸을까?

만백성의 소리를 듣는 곳 – 경복궁 광화문

조카를 죽였다는 사실이 세조 개인에게는 씻을 수 없는 오점으로 남았다. 그래서였는지는 그는 왕으로서 누구보다 열심히 일했고 많은 업적을 남겼다. 우리가 알고 있는 호패법의 강화, 《경국대전》편찬 등은 모두 세조의 업적이다.

무엇보다 세조가 많은 공을 들인 일은 백성과의 소통이었다. 그는 주기적으로 백성들의 목소리를 듣기 위해 노력했다. 특히 경복궁의 정문인 광화문은 민심을 파악하는 창구 같은 곳이었다.

광화문을 바라보고 있으면 촛불 혁명이 떠오른다. 당시 광화문 앞에 모인 민중의 목소리를 외면했던 지도자는 결국 탄핵

임금이 승지와 사관에게 명하여 날짜를 돌려가면서 광화문 밖에 나가 말하려고 하는 사람으로 하여금 제비를 뽑게 하여 뽑힌 사람은 그 말하는 바를 기록하여 아뢰도록 하고, 임금이 친히 물어서 결정 조처하였다. 이어 명하여 방을 걸었는데 방의 내용은 이렇다. "정치의 잘되고 잘못된 점과 민간의 이익되고 손해된 점과 억누름을 안고 원통함을 품고서도 능히 스스로 아뢸 수 없는 자는 날마다 오전 8시에 모두 광화문 밖에 나아와서 제비를 뽑아 묻기를 기다리라."
– 세조실록(1446)

세조가 민심의 소리를 들었던 광화문

이라는 중벌을 받고 말았다. 역시 답은 늘 역사 속에 있다.

🏯 경복궁의 정문 광화문

광화문은 법궁인 경복궁의 정문이다. 일반적으로 궁궐의 정문은 화(化)자 돌림이다. 경복궁의 광화문, 창덕궁의 돈화문, 창경궁의 홍화문, 경희궁의 흥화문, 덕수궁의 인화문(훗날 동문인 대한문이 정문이 됨)처럼 말이다. 광화문은 법궁의 정문답게 3개의 아치문 위에 웅장한 누각으로 만들어졌다. 가운데 문은 지존의 문이며, 양쪽으로는 세자 이하 신하들이 출입했다.

세조가 말년을 보낸 곳 – 창덕궁 수강재(수강궁)

세조의 말년은 그리 좋지 못했다. 정신적으로는 조카를 죽였다는 죄책감에 시달렸고, 육체적으로는 온몸에 난 종기로 고통을 당했다. 그나마 피부병의 치유책은 온천욕으로, 세조 역시 세종처럼 온양에 있는 온천을 자주 이용했다. 하지만 종기는 계속 심해졌다. 항간에 떠도는 소문에는 단종의 모후인 현덕왕후가 꿈에 나타나 아들을 죽인 것에 분노하며 세조의 얼굴에 침을 뱉었는데 그 뒤로 종기가 더 심해졌다고 한다.

온몸에 퍼진 종기로 오래 살지 못할 것이라 생각한 세조는 거처를 상왕궁인 수강궁으로 옮기라는 명을 내린다. 상왕궁으로의 이어移御는 세자에게 양위를 한다는 의미이기도 했다.

이 달에 종묘와 새 궁궐이 준공되었다. 새 궁궐의 남문은 광화문이라 했는데, 상·하층이 있고, 위에 종과 북을 달아서 새벽과 저녁을 알리게 했다.
– 태조실록(1395)

대가(임금이 타는 수레)가 드디어 온양 온천의 행궁(行宮, 임금이 임시로 머무르는 거처)에 이르렀다.
– 세조실록(1465)

수강궁으로 이어(移御)하였다.
– 세조실록(1468)

옛 수강궁 터에 세워진 수강재

🁢 상왕의 궁전 수강궁, 그리고 수강재

수강궁은 세조의 할아버지 태종이 아버지 세종에게 옥새를 주고 상왕으로 물러나 기거했던 작은 궁전으로 지금의 창덕궁 남동쪽에 있었다. 그리고 300여 년 후 수강궁 터에 새워진 전각이 오늘날 수강재다.

지금의 수강재는 정조실록에 나온 전각과는 조금 다른 형태이지만, 장소만은 그 옛날 수강궁이 있었던 곳으로 추정된다. 세월이 흘러 비록 그 형태는 바뀌었지만 바로 이곳에서 세조는 생을 마감했다.

상왕전(上王殿)의 신궁(新宮)이 이루어졌으므로, 그 궁의 이름을 수강궁(壽康宮)이라 하였다.
– 세종실록(1418)

오래된 우물 자리에 수강재를 세웠다. 이곳은 태조대왕 당시 수강궁의 옛터로서 새 전각의 이름을 수강재라 하였다.
– 정조실록(1785)

8
예종
—
뜻은 높았으나
병약했던 왕

예종의 승하 - 경복궁 자미당

온몸에 퍼진 종기로 기력이 쇠한 세조는 측근들을 불러 세자에게 옥새를 줄 것을 명하니 그가 조선 8대 임금 예종이다.

쿠데타나 정난으로 권력을 잡은 왕들은 주변에 대한 의심이 많기 때문에 가능한 측근 정치를 하기 마련이다. 세조 역시 마찬가지였다. 그는 말년에 한명회, 신숙주 등의 최측근들에게 모든 권한을 주고 정사를 책임지게 했다.

문제는 예종이 즉위를 했음에도 불구하고 부왕의 측근들이 여전히 권세를 떨치고 있었다는 것이다. 이는 태종이 세종에게 양위하면서 측근들의 힘을 축소시킨 것과는 대조적인 모습이었다. 대신들의 권력은 예종의 왕권을 약화시켰다. 게다가 예종은 어려서부터 발에 종기가 있었는데, 왕이 된 후 종기가 심해져 공식 회의에 불참하는 횟수가 늘어났다.

발에서 시작된 예종의 병은 갈수록 심해졌고, 그는 1년여의 짧은 재위 기간을 뒤로한 채 경복궁 자미당에서 승하한다. 경복궁 내 왕의 침전은 강녕전이나, 당시 예종은 자미당을 사용한 것으로 보인다. 자미당은 경복궁의 중궁전 뒤쪽에 세워진 전각으로 지금은 터만 남아 있다.

조선 임금의 평균 수명은 40~50세이다. 당대 최고의 내의원들이 임금의 건강을 돌보았음에도 그 수명이 너무 짧다. 이 의문에 대한 답으로 여러 전문가들은 스트레스를 꼽는다. 홍수가 나도, 가뭄이 들어도, 모두가 왕이 부덕해서 생기는 자연

잔디밭으로 변한 경복궁 자미당 터

재해라 여겼으니 왕이 받았던 스트레스는 상상 이상이었을 것이다. 게다가 새벽부터 밤늦은 시간까지 국정을 생각해야 하는 과도한 업무량도 무시할 수 없는 단명의 원인이었다. 만약 예종이 세조가 아닌 수양대군의 아들이었다면 더 오래 행복한 삶을 살지 않았을까?

🎴 잔디밭이 된 자미당

현재 자미당 터로 추정되는 곳은 잔디밭이다. 실제로 이곳 이외에도 궁궐에 가면 넓은 잔디밭을 많이 볼 수 있다. 하지만 잔디밭은 조선의 전통 조경법이 아니다. 조선시대에 잔디는 주로 왕릉 등의 무덤에 사용되었다. 지금의 궁궐 안 잔디밭은 대부분 일제 강점기에 궁궐의 전각을 헐고 조성된 곳들이다. 그 뒤 궁궐

임금이 경복궁 자미당에서 훙(薨)하였다. 대전 내관이 대궐 안으로부터 곡하며 나와서 모든 재상에게 훙(薨)하였음을 고하니, 모두들 실성하며 통곡하였다.
– 예종실록(1469)

이 공원화되면서 궐내 잔디밭이 조경의 한 부분으로 인식된 것이다. 따라서 지금 궁궐 내 잔디밭이 있는 공간은 일제 강점기에 사라진 전각 터일 확률이 높다.

역사를 바꾼 대비의 선택 – 경복궁 강녕전

예종의 승하 소식에 가장 충격을 받은 사람은 모후이자 세조 비妃인 정희왕후였다. 여자로서의 그녀의 인생은 참 모질다. 왕자의 부인으로 평범하게 살다가 남편의 정난으로 하루아침에 국모國母의 신분이 되었으나 불행히도 큰아들 의경세자, 남편 세조 그리고 둘째 아들 예종까지 먼저 보내는 슬픔을 겪게 된다. 하지만 그녀에게는 눈물을 흘릴 겨를이 없었다. 대비는 빨리 후사, 즉 국상國喪의 상주喪主를 정해 국정의 안정을 취해야 했다.

예종이 승하한 당일 아침, 정희왕후는 대신들을 경복궁 내 대전인 강녕전으로 소집했다. 강녕전은 가운데 큰 마루에 동서 방향으로 각각 쌍둥이 방이 있는데 각각의 방은 가운데 임금의 공간을 주변의 편방들이 감싸고 있는 우물 정#자 모양이다. 편방에는 24시간 내시와 지밀상궁들이 대기하고 있다.

정희왕후는 수렴(대나무 발)이 쳐진 동북쪽 편방에 있었고 대신들은 마루에 앉아 대비의 명을 기다리고 있었다. 대비의 한마디에 다음 왕이 결정되는 중요한 순간이었다. 당시 왕위를 물려받을 가능성이 있는 후보는 총 세 명이었다. 1순위는 예종의 맏아들인 원자, 2순위는 이미 요절한 의경세자(예종의 형)의 맏아들 월산군, 3순위는 의경세자의 둘째 아들인 자을산군이었다. 누가 봐도 1순위는 원자였다. 그러나 정희왕후는 파격적으로 3순위인 자을산군을 언급했다. 그녀는 왜 이런 결정을 내렸을까?

그녀는 남편이 어린 조카의 옥새를 빼앗는 과정을 모두 지켜보았다. 그러면서 권력이라는 것이 얼마나 냉정한지도 경험했다. 그런 그녀에게 4살배기 원자는 너무 어렸다. 또한 월산

경복궁 강녕전 동북쪽 편방(왼쪽)

대비가 강녕전 동북쪽 편방에 나
와서 원상과 도승지를 불러 들
어오게 하였다. 신숙주, 한명회
등이 자미당으로부터 들어오니,
대비가 슬피 울었다. 대비가 두
루 묻기를, "누가 상주로서 좋겠
느냐?" 하니, 모두 말하기를 "신
등이 감히 의논할 바가 아니니,
원컨대 전교를 듣고자 합니다."
하므로 전교하기를, "이제 원자
(예종의 아들)가 바야흐로 어리
고, 또 월산군(의경세자의 장남)은
어려서부터 병에 걸렸으며, 홀
로 자을산군(의경세자의 차남)이
비록 어리기는 하나 세조께서 일
찍이 그 도량을 칭찬하여 태조에
비하는 데에 이르렀으니, 그로
하여금 주상을 삼는 것이 어떠하
냐?" 하니, 모두 말하기를, "진실
로 마땅합니다." 하니 그대로 따
랐다.

  － 예종실록(1469)

군은 건강이 좋지 않았다. 자신의 아들들이 잦은 병치레로 요
절했으니 건강 역시 그녀에게는 중요한 결정 요소였다. 결국
최종 선택은 자을산군이었다. 비록 13살에 불과했지만 원자만
큼 어린 것은 아니었고 형인 월산군보다는 건강했다.

그러나 가장 중요한 이유는 따로 있었다. 남편의 측근 한명
회, 그는 사실상 수양대군을 왕으로 만든 당대 최고의 실세였
다. 이 권력자의 딸이 바로 자을산군의 부인이었으니, 정희왕
후 입장에서 자을산군이 왕이 되면 장인인 한명회가 정치적
보호막이 되어줄 것이라고 생각한 것이다.

1469년의 실록을 보면 다음 시대를 책임질 왕을 결정하는
과정이 각본처럼 짜여 돌아가는 느낌을 지울 수가 없다. 경복
궁의 대전인 강녕전 동북쪽 편방, 이곳에서의 결정으로 역사
는 또 다른 방향으로 흐르기 시작했다.

🛖 소박한 경복궁의 대전, 강녕전

대전(大殿)은 말 그대로 큰 건물이란 뜻이지만 실제 임금이 생
활하는 대전의 공간은 협소함 그 자체다. 왕의 공간이 이렇게 작
은 이유는 혹시 모를 외부의 침입에 대비하기 위해서이다. 편방
으로 둘러싸인 작은 방은 쉽게 방어할 수 있기 때문이다. 실내가
좁은 대신 침구 등 대전에 필요한 물품들은 모두 대전을 둘러싼
행각에 두어 필요할 때마다 궁인들이 가져다 놓았다.

하지만 대전의 규모가 작은 가장 큰 이유는 궁궐이 화려해지
면 백성이 힘들어진다는 조선 국왕의 통치 철학에서 기인한다.

지붕의 기와 한 장도 모두 백성의 피땀으로 만드는 것이니 어쩌면 조선 궁궐의 품격은 겉모습이 아닌 군주의 애민 정신에서 기인한다고 봐야 할 것이다. 위엄 있지만 결코 과하지 않은, 조선의 궁궐이 아름다운 이유는 바로 이 때문이다.

궁원의 제도가 사치하면 백성을 수고롭게 하고 재정을 손상시키는 지경에 이르게 될 것이고 누추하면 조정의 위엄을 보여줄 수 없게 될 것이다. 검소하면서도 누추한 지경에 이르지 않고 화려하면서도 사치스러운 데 이르지 않도록 하는 것이 아름다운 것이다.

– 조선경국전(1471)

경복궁의 대전 강녕전. 가운데 마루를 중심으로 양쪽에 쌍둥이 방이 있다.

9
성종

조선의 태평성대를
이루다

파격의 즉위식 - 경복궁 근정문

대비인 정희왕후의 결단으로 자을산군이 옥새를 물려받으니
그가 조선 9대 임금 성종이다. 성종의 즉위식은 파격에 가까
웠다. 일반적으로 왕이 승하하면 장례 절차 등으로 차기 왕은
5~7일 후에 즉위식을 갖는다. 하지만 정희왕후는 당일 경복궁
근정문에서 곧바로 즉위식을 하라는 명을 내린다. 예종이 오
전 8시경 승하했는데 당일 오후 3~5시에 즉위를 명하니 조선

성종이 즉위한 경복궁 근정문

왕조 500년 중 이런 역사는 없었다.

이 같은 파격적인 결정에는 그들의 경험이 한몫했다. 당시 한명회, 신숙주, 홍윤성 등의 대신들은 어린 왕(단종)의 약해진 왕권을 틈타 난을 일으켜 수양대군을 임금으로 만든 인물들이었다. 권력의 공백기가 얼마나 위험한지를 누구보다도 잘 알고 있었기에 정희왕후는 당일 즉위라는 파격적인 결정을 하게 된 것이다.

태평성대의 치적 – 창덕궁 보경당

성종 시대를 보통 태평성대라 부른다. 태조부터 예종까지 약 100여 년의 국초 혼란기가 안정기로 접어든 때가 바로 성종 대였기 때문이다. 성종이 태평성대의 주인공이 될 수 있었던 것은 할머니 정희왕후의 노력이 컸다. 즉위 당시의 나이가 13세였기 때문에 대왕대비인 정희왕후가 수렴청정을 했다. 이는 조선 왕조 최초의 수렴청정이기도 하다.

어린 손자를 대신해 정치를 시작한 그녀에게는 해결해야 할 큰 과제들이 많았다. 무엇보다 궐 안에는 예종의 부인과 아들인 제안대군이 있었다. 그들은 성종의 정통성에 걸림돌이 될 수 있는 인물들이었다. 게다가 단종 복위 사건 등으로 세조에게 원한이 있는 이들이 여전히 궐 안팎에 많았다.

정희왕후는 성종의 정통성을 확보하기 위해 요절한 큰아들

창덕궁 선정전 뒤 보경당 터

의경세자(성종의 아버지)를 추존왕으로 올려 둘째 아들인 예종
보다 지위를 높게 만들었다. 또한 개국 이후 별다른 견제 세력
없이 집권을 이어간 훈구파를 견제하기 위해 청렴한 선비들을
등용시킴으로써 소위 여야의 균형을 맞추어갔다. 여기서 선
비라 함은 고려 말 조선의 개국을 반대하며 세상을 등지고 산
속으로 들어간 선비들의 후학을 말하는데, 역사에서는 이들을
숲속林에서 학문을 연구하는 선비士라 해 사림파士林派라 부른다.

이처럼 성종의 태평성대는 할머니 정희왕후가 만들어줬다
고 해도 과언이 아니다. 성종은 경복궁에서 즉위식을 했지만
주로 창덕궁에서 생활했고, 그에 따라 정희왕후 역시 창덕궁
의 보경당에서 수렴청정을 했다. 보경당은 편전인 선정전의

창덕궁 보경당에 나아가 원상 등
을 불러 보고 민생에 관해 의논
하니, 대비께서 하교하길 "내 인
친척 중 변변치 못한 무리가 관
직에 있으면서 그 책임을 다하지
않고 녹봉만 탐내는 자가 많아,
내 몹시 황망하고 두렵기가 그지
없다. 그러니 현명한 선비로 산
림(山林)에 물러가 숨은 자를 마
땅히 샅샅이 찾아 불러오게 하
라." 하였다.
– 성종실록(1471)

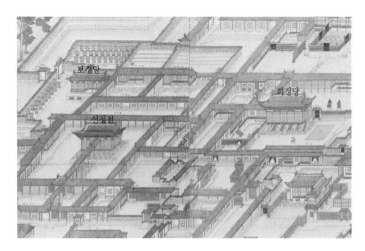

동궐도 상의 창덕궁 보경당. 정식 편전인 선정전 위 양옆으로 보조 편전인 보경당과 희정당이 묘사되어 있다.

보조 편전 역할을 한 전각이다. 일반적으로 모든 궁궐의 편전에는 온돌이 없다. 그래서인지 모르겠으나 조선의 왕들은 주로 보경당이나 희정당처럼 온돌이 갖춰진 보조 편전을 사용하는 경우가 많았다.

성종의 정치적 부담을 덜어주려 많은 노력을 했던 대왕대비 정희왕후는 7년간의 수렴청정을 마치고 1476년 자리에서 물러났다. 정희왕후의 치세를 보면서 만약 단종에게 그녀 같은 어른이 있었다면 어떠했을까를 생각하게 된다. 어쩌면 숙부에게 옥새를 빼앗기는 비극은 면했을지도 모른다. 야속하게도 그 숙부의 부인, 즉 단종의 숙모가 바로 정희왕후였다.

조선 최초의 수렴청정이 있었던 보경당은 현재 터만 남아 있다. 다만 창덕궁과 창경궁을 묘사한 〈동궐도〉에 묘사되어 있어 그 모습을 짐작할 수 있다.

🪨 창덕궁과 창경궁의 보고, 동궐도

국보 제249호인 동궐도는 1830년경 순조 연간 도화서 화원들이 동궐인 창덕궁과 창경궁을 묘사한 그림이다. 평상시에는 책의 형태지만 펼치면 높이 2.73m, 폭 5.76m에 이르는 대작으로 총 16권의 화첩으로 구성되어 있다. 동궐도는 조선 후기 두 궁궐의 전각 하나하나의 이름은 물론 우물, 항아리, 나무, 과학기구까지 자세히 묘사되어 있어 궁궐 건축을 연구하는 데 매우 중요한 자료로 인정받는 그림이다.

고려대학교박물관에 전시된 동궐도

성종의 효심으로 만든 궁궐 – 창경궁

수렴청정에서 물러난 대왕대비 정희왕후는 며느리이자 성종의 모후인 인수대비와 함께 남편이 노후를 보냈던 수강궁으로 돌아갔다. 그러나 문제가 발생했다. 수강궁이 지어진 지 60년이 지나다 보니 너무 낡아 수리가 불가피했던 것이다. 게다가 두 명의 대비를 수발드는 궁인들까지 있으니 비좁을 수밖에 없었다.

자신을 키워준 어머니와 왕으로 만들어준 할머니가 계신 곳이 누추하니 성종은 고심 끝에 수강궁을 대신해 그 북쪽에 새로운 궁궐을 지어 두 분을 모시기로 결정한다. 바로 그곳이 창경궁이다. 동시에 할아버지 세조와 작은아버지 예종의 후궁들은 궐 밖 자수궁으로 모셔 그 예를 다했다. 자수궁은 원래 제1차 왕자의 난 때 죽은 이방번의 집이었으나 그 후 세종의 후궁들이 모여 살면서 임금이 승하하면 후궁들이 거처하는 장소가 되었다. 자수궁 터는 지금의 경복궁 북서쪽 옥인동 인근으로 추정된다. 이렇게 성종 연간 경복궁, 창덕궁에 이어 창경궁이 창건되면서 조선의 궁궐은 세 곳이 되었다.

1485년의 실록을 보면 알 수 있듯 창경궁은 왕이 정치를 하는 공적 공간이라기보다는 이궁인 창덕궁의 내전 역할, 즉 왕실 가족들의 생활 공간으로 활용되었다. 실제로 창경궁은 창덕궁과 같은 담 안에 있어 전체적으로 보면 창덕궁이 확장된 형태이다. 그러나 창경궁은 단지 왕실 어른들을 모시는 공간만은 아니었다. 성종에게는 12명의 부인이 있었기 때문에 창경궁은 후궁의 처소로도 활용되었다.

폐비의 아들을 세자로 책봉하다
– 경복궁 사정전

성종의 정비 공혜왕후(한명회의 딸)는 요절을 했고, 두 번째 왕비(계비)는 후궁 출신인 윤씨였다. 윤씨가 왕비가 될 수 있었던 결정적인 이유는 원자를 낳았기 때문이다.

왕비는 단순히 왕의 부인이 아니다. 궁궐 안의 모든 여인들(내명부)은 물론이고 대소 신료들의 부인들(외명부)까지 총괄해 관리하는 오늘날 여성가족부 장관 같은 공인이다. 그러나 중전 윤씨는 이를 감당할 인품과 능력을 갖추지 못했다. 결국 그녀는 투기와 패악질을 일삼다가 궐에서 쫓겨나는 신세가 되었다. 당시에는 원자의 모후라는 이유로 많은 반대가 있었으나, 정신병에 가까운 엽기적 행각에 결국 성종은 중전을 폐비시키고 사사賜死의 명을 내린다.

폐비 윤씨가 사사당한 뒤 성종은 후궁 출신의 새 왕비인 정현왕후를 맞이했다. 여기서 그는 실수 아닌 실수를 하게 된다. 바로 죽은 폐비의 아들을 세자로 책봉한 것이다.

새 왕비는 아직 젊기 때문에 언제든 후사를 낳을 수 있었고, 이외에도 성종에게는 많은 후궁과 대군들이 있었다. 무엇보다

의정부에 명하기를, "폐비 윤씨는 성품이 본래 흉악하고 위험하여서 도리에 어긋나고 순리를 거스르는 행위가 많았다. 지난날 궁중에 있을 적에 포악함이 날로 심해져서 이미 왕실 웃어른들께도 공순하지 못하였고, 또한 과인에게 흉악한 짓을 함부로 하였다. (중략) 이에 금년 8월 16일에 그 집에서 사사(賜死)한다. 이는 국가를 위하는 큰 계책으로서 그렇게 하지 않을 수 없었다. 이를 서울과 지방에 포고하라." 하였다.
 – 성종실록(1482)

폐비의 사사는 성종의 결정이었지만 이는 대신들의 동의가 어
느 정도 있었기 때문에 가능했다. 그런데 만약 폐비의 아들이
왕이 된다면 어머니의 죽음에 동의했던 신하들과의 관계는 불
을 보듯 뻔한 일이었다. 이를 모를 리 없었기에 세자 책봉에 대
한 대신들의 반대는 극심했다.

그러나 책봉의 권한은 전적으로 왕에게 있었다. 결국 성종은
폐비의 아들을 세자로 책봉한다. 세자 책봉식은 말 그대로 세자
에게 책을 선물하는 예식이다. 왕은 이 의례에서 세자에게 대나
무로 만든 임명장인 죽책문竹冊文과 세자에게 당부하는 글이 적
힌 교명문敎命文 그리고 세자의 도장인 금보金寶를 전달한다.

당시 세자 책봉식은 경복궁의 편전인 사정전에서 거행되었
다. 사정전은 할아버지 세조가 사육신을 친국했던 장소이기도
하다.

책봉식은 대개 궁궐의 정전에서 행해지지만, 성종은 규모가
작은 편전 앞마당에서 간소하게 책봉 의례를 행했다. 이유는
구체적으로 알 수 없지만 당시 세자 책봉에 대한 여론이 호의
적이지 않았던 것만은 분명해 보인다. 1483년 실록에 적힌 책
문의 내용처럼 성종은 아들 연산군이 올바르게 성장해 성군이
되기를 바랐을 것이다. 그러나 역사는 그의 바람대로 흘러가
지 않았다.

세자 연산군의 책봉식이 거행되었던 경복궁 사정전

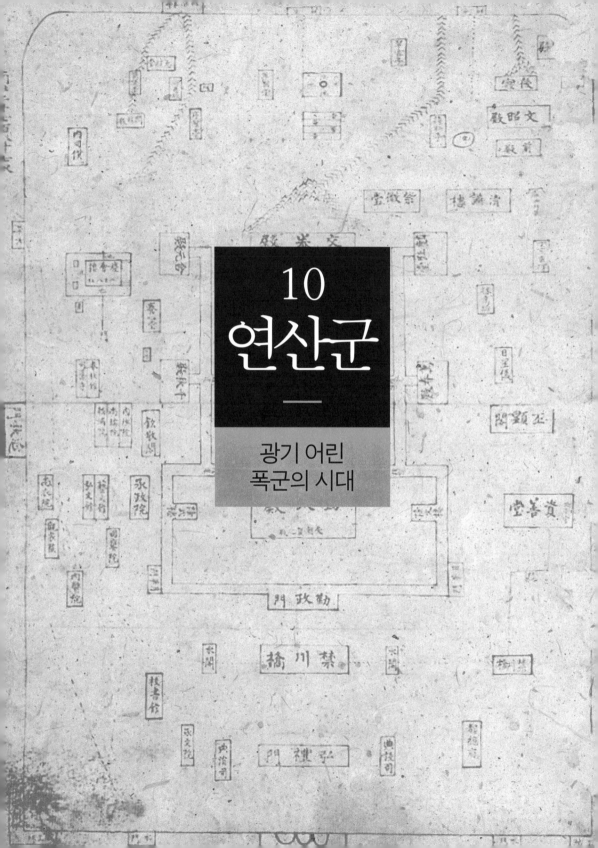

10
연산군

광기 어린
폭군의 시대

드리우는 복수의 먹구름 – 창경궁 경춘전

성종은 주위의 반대에도 불구하고 결국 폐비의 아들을 세자로 만들었다. 책봉식 내내 폐비 윤씨의 사사에 동의했던 대신들의 마음은 불편했을 것이다. 그러다 보니 이후에도 세자를 폐해야 한다는 여론은 끊이지 않았다. 게다가 중전인 정현왕후가 아들인 진성대군(훗날 중종)을 낳은 후에는 더욱더 반대가 거세졌다. 그러나 성종은 끝내 그 결정을 번복하지 않은 채 창덕궁의 대전인 대조전에서 승하했다. 성종이 남긴 유언은 "내가 죽은 뒤 100년간 폐비의 일을 말하지 말라."였다.

임금이 창덕궁 대조전에서 훙(薨)하였는데, 춘추는 38세이다.
– 성종실록(1494)

　부왕의 승하로 세자가 옥새를 받으니 그가 조선 10대 임금 연산군이다. 연산군은 세자 시절 성종의 계비 정현왕후가 자신의 친모인 줄 알고 성장했다. 폐비의 일을 언급하지 말라는 성종의 유언에 따라 이 사건은 궐내에서 공공연한 비밀이 되었다. 그러나 영원한 비밀은 없는 법이다. 비밀을 이용해 출세를 하고자 했던 자들은 연산군에게 이 사실을 고했고, 이후 연산군은 사건에 연루된 이들에 대한 대대적인 숙청을 가했다. 사실상 연산군이 폭군이 되기 시작한 것도 이 시기였다.

　연산군의 폭정은 차마 말로 표현할 수 없을 정도였고, 매일 밤 궁궐에서는 비명 소리가 끊이지 않았다. 1504년 3월, 연산군은 술에 취한 상태로 아버지 성종의 후궁들 중 정씨와 엄씨를 끌고와 몽둥이질을 시작했다. 그들의 고자질로 자신의 생모가 비참하게 죽었으므로 그보다 더 큰 고통을 받아야 한다며 실신할 때까지 매질을 했다. 여기서 그치지 않고 그는 정씨의 아들들을 창경궁으로 불러 몽둥이를 준 뒤 어둠 속에 실신해 있던 죄인들을 매질하라는 명을 내린다. 실록에 의하면 당시 봉안군은 어머니임을 알아차려 머뭇거렸고, 안양군은 이를 눈치채지 못한 채 마구 때렸다고 한다.

이어 연산군은 두 이복동생들의 머리를 움켜쥐고 질질 끌어 창경궁 경춘전으로 향했다. 경춘전은 할머니 인수대비의 침전이다. 자신의 어머니를 유독 미워했던 할머니의 침전 앞마당에서 그는 왜 내 어머니를 죽였냐며 고래고래 소리를 지르며 행패를 부리기 시작했다.

이 사건이 있은 뒤 연산군은 죽은 정씨와 엄씨의 시신을 훼손하게 되는데, 당시 그의 행동은 차마 글로 표현하기 힘들 정도였다. 왕의 행동이 이 정도라면 광인狂人이라고 해도 무방하다.

인수대비로 잘 알려진 소혜왕후는 1450년 왕족인 수양대군의 장남인 도원군의 아내가 되었다. 왕족의 며느리가 되었으니 말 그대로 가문의 영광이었다. 더욱이 시아버지가 권력을 잡고 왕이 되자 그녀는 일국의 세자빈으로 지위가 격상된다. 훗날 남편이 왕위를 물려받으면 국모가 될 수 있는 자리에 오른 것이다. 그러나 불행히도 남편인 의경세자는 요절하고 만다. 결국 옥새는 동생인 예종에게 돌아갔고, 그녀는 남은 자식과 함께 궁을 나와야 했다.

그러나 역사의 반전은 계속 되었다. 예종의 건강이 점점 나빠지고 있었던 것이다. 그녀는 사돈인 한명회와 함께 시어머

인수대비의 침전이었던 경춘전 앞마당. 이곳에서 연산군은 두 명의 이복동생을 끌고와 할머니에게 난동을 부렸다.

니 정희왕후(세조비)와 소통을 하며 때를 기다렸고, 자신의 둘째 아들(성종)을 왕으로 앉히는 정치력을 발휘한다. 그리고 자신은 대비가 되었다.

항간에 인수대비는 며느리인 중전 윤씨를 매우 싫어했고 세자(연산군)도 탐탁하지 않게 생각했다고 한다. 그녀는 결국 손자인 연산군과 대립하면서 불행한 삶을 마감한다. 야사에는 연산군이 인수대비의 가슴을 머리로 받은 얼마 후 죽었다고 전한다. 경춘전 앞마당에 서 있으면 그날 밤 광인이 되어 난동을 피웠던 폭군의 괴성이 들리는 듯하다.

경춘전

인수 왕대비가 창경궁 경춘전에서 훙서하였다.
－ 연산군일기(1504)

흥청망청의 발원지 – 경복궁 경회루

경회루 연못가에 만세산을 만들고, 산 위에 월궁(전설에서 달 속에 있다는 상상의 궁전)을 짓고 화려한 색깔의 천을 오려 꽃을 만들었는데, 그 모습이 기괴 만상이었다. 누각 아래에는 붉은 비단 장막을 치고서 흥청 등 3천 명의 기생을 모아 노니, 풍악 소리와 노랫소리가 끊이질 않았다. 밤에는 금, 은, 비취 등으로 만든 등을 경회루 주변에 달았는데 그 비용이 1만 냥에 달했다.
 – 연산군일기(1506)

한강에 있는 배 수십 척을 끌어 경회루 연못에 띄웠다. 배 한 척을 육로로 운반하는데, 민정 5백여 인이 들었으므로 영차 영차 하는 소리가 성안을 진동하였다.
 – 연산군일기(1506)

전교하기를, "명일 경회루에 오르려는데, 위가 바라보이는 곳에 표시를 해 표 안의 관가가 몇이고 인가가 몇인지 모두 세어서 아뢰라." 하였다.
 – 연산군일기(1505)

왕은 정말 바쁜 하루를 보낸다. 책을 읽고 토론하고 회의하는 일의 반복이다. 그러나 연산군만은 예외였다. 그는 여러 이유를 들어 경연을 회피했고 점점 왕으로서의 책무를 멀리하기 시작했다.

실록의 내용을 보고 있으면 눈병을 핑계로 경연을 마다하고 연회를 여는 연산군의 모습이 나온다. 매일같이 궁궐 내에서는 잔치가 이어졌고 그럴수록 나라의 재정은 점점 어려워졌다.

연산군에게 최고의 연회 장소는 경복궁 경회루였다. 그는 전국의 흥청興淸(나라에서 관리하는 기생)을 경회루로 불러 잔치를 열었는데, 이런 왕의 모습에 백성들 사이에서는 흥청 때문에 나라가 망할 거라며 '흥청망청興淸亡淸'이란 말이 나오기도 했다. 그렇게 경회루에서는 매일 풍악이 끊이지 않았다. 어느 날 연산군은 한강에 있는 배 수십 척을 옮겨 경회루 연못에 띄우라는 명을 내리기도 했다. 지금도 경복궁과 한강의 거리는 결코 가깝지 않다. 그럼에도 배 수십 척을 옮기게 하다니, 이는 상식 밖의 일이 아닐 수 없다.

이게 다가 아니었다. 연산군은 사냥터를 만든다는 이유로 민가를 모두 철거했고, 심지어 연회가 열리는 경회루가 인왕산 중턱에서 내려다 보인다는 이유로 인근 관가와 민가를 철거하라는 명을 내리기도 했다.

이런 폭정을 일삼는 그도 유일하게 두려워 했던 이가 있었

홍청망청의 장소, 경복궁 경회루

으니 바로 기록을 남기는 사관이었다. 사관의 기록을 당대 임금은 볼 수 없다. 그러다 보니 조선의 왕들에게는 자신이 역사에 어떻게 기록될 것인지에 대해 늘 중압감이 있었다. 연산군도 자신의 언행이 기록된다는 것을 잘 알고 있었기에 늘 사관을 경계했고 기록에 대한 불만을 토로했다. 심지어 어느 날에는 자신의 언행을 기록하지 말라는 명을 하기에 이른다. 역사를 두려워 하는 왕은 결코 성군이 될 수 없는 법이다.

경회루는 다양한 이야기를 품고 있는 역사의 현장이다. 1418년 태종이 세종에게 양위하겠다고 선언한 곳도, 1421년 세종이 작은 초가를 지어 백성들과 고통을 나누고자 한 곳도, 1455년 단종이 숙부인 수양대군에게 옥새를 넘겨준 곳도 바로 이곳 경회루였다. 그리고 1506년 폭군 연산군이 흥청망청했던 장소도 경회루다. 경회루에는 한 임금의 용단이, 한 임금의 애민 정신이, 한 어린 왕의 피눈물이, 한 폭군의 광기가 서려 있다.

전교하기를, "임금이 두려워하는 것은 사서(史書)뿐이다. 《춘추》에 이르기를 '어버이를 위하는 자는 은휘(為親, 어떤 일을 말하기 꺼려 숨김)한다 하였는데 근래 사관들은 임금의 일이라면 남김없이 기록하려 하니 그 죄가 또한 크다. (중략) 임금의 행사는 역사에 구애될 수 없다." 하였다.
    – 연산군일기(1506)

11
중종

신하들이
만들어준 왕

신하가 건넨 옥새 - 경복궁 근정전

연산군의 계속되는 폭정과 엽기적인 행동은 쿠데타의 빌미가 되었다. 결국 반란 세력은 연산군을 쫓아내고 진성대군을 왕으로 내세웠으니 그가 조선 11대 임금 중종이다.

진성대군은 성종의 계비 정현왕후의 아들이며 연산군의 배다른 동생이다. 연산군을 체포한 쿠데타 세력들은 궁궐 내 최고 어른인 정현왕후에게 이 사실을 알리고 아들인 진성대군에게 옥새를 넘길 것을 청했다. 이렇게 중종은 조선 왕조 최초로 신하들에 의해 옥새를 받는 왕이 되었다. 반정 다음 날, 그는 근정전에서 즉위식을 치렀다.

1506년 실록을 보면, 즉위할 때 입는 면복조차 준비가 되지

도승지 등이 변을 듣고 급히 들어가 임금(연산군)에게 아뢰니, 왕이 놀라 뛰어나와 도승지의 손을 잡고 턱을 떨며 말을 하지 못하였다. 박원종 등은 내관을 시켜 임금에게 가 옥새를 빼앗고 경복궁에 나아가 대비에게 아뢰기를, "주상이 크게 임금의 도를 잃어 나라를 맡을 수 없고 천명과 인심이 이미 진성대군에게 돌아갔으므로 진성대군을 맞아 대통을 잇고자 하오니, 청컨대 성명을 내리소서." 하니, 대비가 "아뢴 대로 따르리라." 하였다. 이에 명을 받들고 즉시 진성대군의 사저로 가 아뢰니, 진성대군이 세 번을 거절한 뒤에야 비로소 허락하였다. (중략) 이어 진성대군이 익선관과 곤룡포(즉위할 때는 마땅히 곤복과 면류관을 사용해야 하는데, 이 관복을 사용한 것은 창졸간에 갖출 겨를이 없어서이다.)로 경복궁 근정전에서 즉위하여 백관의 하례를 받았다.

– 중종실록(1506)

중종의 즉위식이 거행되었던 경복궁 근정전

않아 곤룡포를 입고 즉위한 중종의 모습에서 당시의 급박한 상황을 엿볼 수 있다.

위훈 삭제를 주장하다 – 경복궁 사정전

중종반정의 성공은 왕권의 추락을 의미했다. 왕권은 왕 스스로 만드는 것이기도 하지만 선왕에게 직접 옥새를 받았다는 정통성도 한몫을 한다. 선왕이 인정한 왕을 부정하면 선왕뿐 아니라 왕조 자체를 부정하는 일이 되기 때문이다. 반면 중종의 정통성은 반정과 반정 세력에 있었다. 중종을 왕위에 앉힌 이들은 단지 공신이란 이유로 정치적, 경제적으로 엄청난 권력을 소유하게 되었다. 심지어 반정 당일 제대로 가담하지도 않았던 자들조차 자신의 이름을 공신 명단에 올려 이득을 취할 정도였다. 조선의 개국 공신의 수가 고작 50여 명에 불과했는데, 중종반정은 그 수가 100명을 훌쩍 넘었으니, 당시 공신의 폐단이 어느 정도였는지는 쉽게 상상이 간다.

그들의 권력 남용이 사회적 문제가 될 무렵, 중종은 한 가지 묘안을 생각해냈다. 공신 세력인 훈구파와 대척에 서 있는 사림파를 기용해 세력의 균형을 맞추는 것이었다. 성종 대에 정계에 진출한 사림파들은 연산군 연간 엄청난 탄압(사화士禍)으로 퇴출된 상태였다.

사림파의 중심에는 조광조라는 인물이 있었다. 중종의 후원

김안국이 아뢰기를, "옛날 천하를 소유하였던 자에게는 비록 전쟁일지라도 공신의 수가 많지 않았는데, 지금은 백여 명이나 되고 있습니다. 심지어는 거사하던 날 자기에게 화가 미칠까 두려워 눈물을 흘리며 애걸하던 자도 외람되게 공신에 끼어 있습니다. 지금 공신들이 스스로 토지를 점유하였기 때문에 국가 수입은 줄어들고 공용 세수는 결핍되었습니다. (중략) 우리나라가 아직 건국한 지 백 년이 안 되었는데 공신은 벌써 8~9차가 넘었으니, 뒤에 있을 공신들은 장차 무엇으로 상을 주시려는 것입니까?" 하였다.
– 중종실록(1507)

성균관에 명하여 유생 조광조, 김석홍, 황택을 천거하게 하였다.
– 중종실록(1511)

속에 조광조는 훈구파에 맞서 개혁의 칼날을 세웠다. 특히 토지 제도의 개혁을 가장 큰 정책으로 내세웠는데, 토지를 모두 국가 소유로 만들어 농민들에게 다시 골고루 분배하는 균전법 均田法과 토지 소유 상한선을 정해 땅이 일부 세력에게 편향되지 않게 하는 한전법限田法을 주장했다. 이는 막대한 토지를 소유한 공신들에게 직접적인 위협이 되었고, 조광조 등은 집요할 정도로 이 점을 파고들었다.

심지어 그는 직설적인 표현으로 부적절한 공신 훈장을 받은 이들의 이름을 공신록에서 삭제(위훈삭제僞勳削除)하라는 상소를 올리기까지 했다. 그러나 정작 중종의 반응은 매우 미온적이었다. 공신들이 아무리 잘못했어도 자신을 왕으로 만들어준 이들이다. 그는 반정의 최고 수혜자가 자기 자신이었다는 사실을 잘 알고 있었고, 형인 연산군이 반정 세력에 의해 쫓겨나는 모습을 목격했다. 언제든 그들의 눈밖에 나면 폐위될 수 있다는 사실을 아는 그로서는 공신들의 문제만은 쉽게 건드릴 수 없었다.

정치는 세력과 세력 간의 경쟁이자 싸움이다. 왕은 그 사이에서 그들을 중재하며 그들과 함께 자신이 꿈꾸는 나라를 만들어가야 한다. 그러나 중종은 그러지 못했다. 적폐를 청산할 수 있는 절호의 기회였으나, 그의 미온적인 태도는 결국 구석으로 몰렸던 공신 세력들이 회생하는 시간을 벌어주고 만다.

경복궁의 편전인 사정전 내부에는 어탑이라 불리는 어좌가 있다. 여기에 중종이 있었고 앞쪽으로는 사림파 관원들이 앉

임금이 사정전에 나아가고, 사헌부, 사간원 전원이 입대하였다. 조광조가 아뢰기를, "정국 공신은 이미 10년이 지난 오래된 일이지만 허위가 많았습니다. 그들은 스스로 공신이라 하여 피를 바르고 함께 맹세하니, 그 어떤 기만이 이보다 심하겠습니까? 유순은 반정 때에 어쩔 줄 몰라했던 꼴 때문에 이제껏 사람들이 다 웃습니다. 구수영은 죽어도 남는 죄가 있는데도 오히려 공을 누릴 수 있었으니 무슨 까닭입니까? 권균 등은 다 도성문 밖에 있으면서 공을 얻었습니다. 이제 쾌히 결단을 내리지 못하시면 어떻게 중지할 수 있겠습니까?" 하였다.
– 중종실록(1519)

조광조 등이 공신에 관한 일을 극진히 논하여 반복해 마지 않았으나 받아들이지 않았다. 그때 이미 한밤중이었다.
– 중종실록(1519)

아 위훈삭제를 주장했을 것이다. 사정전의 내부를 보고 있으면 중종을 향해 직언을 서슴지 않았던 조광조의 쩌렁쩌렁한 목소리가 들리는 듯하다.

🜇 경복궁의 편전 사정전

근정전이 국가의 공식 행사가 행해지는 정전이라면, 사정전은 국왕의 정식 집무 공간인 편전이다. 오늘날로 비유하자면 청와대 집무실 정도다. 편전에서 임금은 신하들과 국정을 살피고, 때로는 유교 경서에 관해 토론하기도 했다. 경복궁의 사정전, 창덕궁의 선정전, 창경궁의 문정전, 경희궁의 자정전 등이 대표적인 편전 건물이다.

사정전(思政殿)에 임어하여 상참(常參, 당상관과 관련 관원이 모여 임금에게 정무를 아뢰는 조회)을 받고는, 정사를 보고 윤대(輪對)하였다.
– 세조실록(1455)

조광조가 위훈삭제를 주장했던 경복궁 사정전 내부

왕의 쿠데타 – 경복궁 신무문

사림파의 주장이 점점 거세지자 공신 세력이 중심이 된 훈구파는 중종에게 조광조와 사림파의 과격함을 문제 삼으며 아예 그들을 제거하려는 계획까지 세우게 된다. 당시 조광조를 비롯한 사림파들이 국정을 장악하고 있었기 때문에 훈구파는 중종을 설득해 은밀하게 밀지를 받아냈다. 밀지에는 군사들을 동원해 경복궁의 북문인 신무문으로 들어가 일시에 사림파를 체포하라는 내용이 적혀 있었다. 조선 왕조 최초로 임금에 의한 쿠데타가 일어나는 순간이었다.

궁궐 문의 열쇠는 모두 왕의 비서실 격인 승정원이 관리했지만 평상시 북악산의 화기를 막기 위해 늘 닫아 두던 북문인 신무문의 열쇠는 별도로 내시들이 관리하고 있었다. 중종은 내시들에게 신무문을 열라는 명을 내렸고, 동시에 심정, 남곤 등의 훈구 세력들은 경복궁에 난입해 조광조와 그의 측근들을 체포했다. 그리고 마치 기다렸다는 듯 중종은 그들을 유배 보내고 조광조에게는 사약을 내렸다. 사사로이 권력을 장악해 붕당을 조장했다는 이유였다. 기묘년(1519년)에 일어난 이 사건을 역사에서는 '신무문 사건' 또는 '기묘사화己卯士禍'라 부른다.

당시 조광조의 사림파들이 주장했던 정책은 지금 보아도 손색이 없을 정도로 개혁적이었다. 그러나 정치는 신념만으로 가능한 영역이 아니다. 때로는 정적을 설득하기도 해야 하고 때로는 인정하기도 해야 한다. 만약 당시 사림파들이 훈구파

사관은 논한다. 조광조 등이 정국 공신 중에 공이 없이 외람되게 기록된 자가 많다 하여 삭제하기를 청하였다. 이 논의를 일으키기에 이르러 남곤이 홍경주를 부추겨 '위태로운 화가 바로 앞에 다가와 있다.'고 협박하니, 임금이 더욱 의심을 가져 홍경주에게 여러 번 밀지를 내렸는데, 대개는 이러하다. "임금이 신하와 함께 신하를 제거하려고 꾀하는 것은 도모(盜謀, 도둑들이나 하는 모략)에 가깝기는 하나, 간사한 무리들이 이미 이루어졌고 임금은 고립하여 제재하기 어려우니, 함께 꾀하여 제거해서 국가를 안정하게 하려 한다."
– 중종실록(1519)

조광조 일파는 반정 공신의 이름을 삭제하려 하는 등 성상의 총애를 흐트러트렸는데 남곤 등이 알아차리고서 홍경주 등과 더불어 밤에 신무문을 열고 대궐에 외쳐대어 임금을 만나 하기 조광조 일파의 반역 행위를 고발하였는데 조광조 등이 일을 핑계로 사욕을 채우기 위해 종사를 위태롭게 하고자 한다고 했다. 이에 임금이 크게 놀라 조광조 등을 모조리 불러들여 대궐 뜰에서 박살하려고 했었는데, 정광필이 머리를 조아리며 극력 간함을 힘입어 정지되고, 조광조 이하를 차등 있게 귀양 보내거나 죽였다.
– 중종실록(1544)

기묘사화가 시작된 경복궁 신무문

의 이해타산 안에서 조금만 더 천천히 개혁을 해나갔다면 역사는 어떻게 바뀌었을까? 최소한 하룻밤에 몰락하는 일은 면했을지 모른다. 500년 전 신무문에서 일어난 기묘사화로 인해 한 걸음 더 나갈 수 있었던 역사는 오히려 퇴보하고 말았다.

🧱 경복궁의 북쪽 궁성문, 신무문

청와대가 보이는 신무문은 얼마 전까지만 해도 민간인의 출입이 불가능했던 군사 보호 지역이었다. 기묘사화가 일어나고 500년 후 일부 군인들이 쿠데타를 일으켜 청와대를 장악한 뒤 신무문 안쪽에 군대를 주둔시켜 민간인들의 출입을 철저히 통제했기 때문이다. 이곳에서 청와대가 보인다는 이유였다.

신무문이 우리에게 돌아온 것은 2006년, 당시 정부는 신무문을 개방하고 누구든 신무문을 통해 청와대를 볼 수 있게 했다. 신무문의 개방은 무소불위였던 국가 권력이 국민에게 돌아가는 상징과도 같은 일이었다. 이제 사람들은 정문인 광화문으로 입궐해 북문인 신무문으로 퇴궐할 수 있게 되었다.

의문의 화재 – 경복궁 자선당

중종의 첫 번째 부인은 단경왕후였으나 집안이 연산군과 관련이 있다는 이유로 폐위되었고 이후 맞이한 두 번째 부인인 장경왕후는 아들을 낳자마자 생을 마감했다.

안타깝게 세상을 뜬 장경왕후의 뒤를 이어 세 번째 왕비가 된 인물은 문정왕후인데 그녀는 아들 없이 딸만 내리 낳았다. 당시에는 이미 원자(두 번째 부인인 장경왕후의 아들)가 있었기 때문에 오히려 이것이 정치적 안정에는 도움을 주었다. 그러나 문정왕후가 늦은 나이에 아들인 경원대군을 낳자 분위기는 180도 달라졌다. 조정이 둘로 갈리기 시작한 것이다. 어머니가 돌아가신 세자와 현 왕비의 아들인 경원대군. 이때부터 문정왕후는 자신의 아들을 보위에 앉히기 위해 본격적으로 정치에 뛰어들었다.

왕비가 을해년 2월에 원자를 낳았는데 겨우 수일을 지나서 갑자기 중병에 걸렸다. 임금이 백방으로 약을 써서 구원하였지만 끝내 차도가 없이 이 달 초2일에 경복궁 동궁 별전에서 훙(薨)하니, 춘추가 25세였다.
– 중종실록(1515)

묘하게도 세자의 삼촌은 윤임, 경원대군의 삼촌은 윤원형으로 모두 윤씨였다. 그래서 당시 사람들은 세자를 지지하는 윤임파를 대윤大尹으로, 경원대군을 지지하는 윤원형파를 소윤小尹으로 불렀다. 대윤과 소윤의 정쟁은 날로 심해졌다. 하지만 이런 정쟁 속에서도 세자는 올바르게 성장했다. 워낙 성품이 훌륭해 그를 존경하지 않은 궁인이 없을 정도였다고 한다. 심지어 대윤, 소윤의 정쟁이 자신 때문이라고 생각한 세자는 늘 자세를 낮추며 자신의 계모인 문정왕후와 배다른 동생인 경원대군(훗날의 명종)을 각별히 챙겼다.

큰 문제가 없는 한 세자는 다음 왕위를 물려받게 된다. 그러니 대윤은 여유가 있었던 반면 소윤은 매우 공격적이었다. 세자만 없으면 문정왕후의 아들인 경원대군이 왕위를 물려받을 수 있으니 그들에게 세자는 눈엣가시였다. 그런 중에 세자가 생활하는 경복궁의 동궁전(자선당)에 의문의 화재가 발생했다.

이날 자선당의 화재는 1543년 중종실록의 기록대로 해괴한 일이었다. 그래서 많은 이들은 문정왕후의 소윤파가 의도적으로 방화를 하지 않았을까 의심했다. 대윤과 소윤 간의 정쟁이 극에 달해 있을 때였기 때문이다. 야사에 의하면 자선당에 불이 난 당시 세자는 자신이 죽으면 동생인 경원대군이 왕위를 물려받을 수 있고, 그러면 이 정쟁도 사라질 것이라며 그대로 앉아 있었다. 하지만 밖에서 부왕인 중종이 애타게 부르자 그제서야 자신이 죽으면 아버지에게 불효라며 밖으로 나왔다고 한다. 세자의 인품이 얼마나 훌륭했는지를 잘 보여주는 이야기다.

세자로 계신 20여 년 동안 측근들조차 한 번도 게으른 적을 본 적이 없고 혹 사치를 부리는 궁인들을 보면 나무라며 신분이 낮은 신하들을 만날 때조차도 의관을 정제하고 만났다.
– 인종실록(1545)

경복궁의 동궁에 불이 났다. 이날 밤의 화재는 뜻밖에 발생하였다. 승지와 사관(史官) 등이 정신없이 동궁에 달려가 보니 자선당까지 불탔다. 영의정 등이 대전 및 동궁에게 문안하니, 임금이 말하길 "나와 세자는 대내에 함께 있어 편안히 보존할 수 있었다. 다만 생각지 않은 변이 이 지경에 이르렀으니 해괴한 일이다." 하였다.
– 중종실록(1543)

의문의 화재가 발생했던 경복궁의 동궁 자선당

12
인종

세종 이후
최고의 성군

제2의 세종, 인종의 즉위식 – 창경궁 명정전

1544년 중종이 창경궁 경춘전에서 승하함으로써 세자가 옥새를 받게 되니 그가 조선 12대 임금 인종이다. 일반적으로 선대왕이 승하하면 그 궁궐의 정전에서 다음 왕이 즉위하게 된다. 창경궁은 창덕궁과 같은 영역이었기 때문에 설령 선대왕이 창경궁에서 승하해도 창덕궁의 정전인 인정전에서 즉위식을 거

인종의 즉위식이 열린 명정전의 어좌

창경궁에서 즉위하여 명정전에서 여러 신하들의 하례를 받았다. 종친 및 문무백관들은 모두 명정전의 동서쪽 뜰로 나아갔다. 승지가 앞으로 나아가 아뢰기를, "어좌에 오르신 뒤에라야 여러 신하들이 하례를 올릴 수 있습니다. 지금 자리에 오르지 않으시니 예식이 이루어지기 어렵습니다." 하니, 상이 이에 억지로 사리에 올라 앉았으나 오히려 불안한 자세였고 너무 애통하여 눈물이 비 오듯이 떨어지자 좌우의 뜰에 있던 여러 신하들도 오열하며 눈물을 흘리지 않는 사람이 없었다. 예식이 끝나자 상이 또 걸어서 천막으로 들어가 도로 상복을 입었다.
ㅡ 인종실록(1544)

행하는 경우가 많았다. 그러나 인종은 예외적으로 창경궁의 정전인 명정전에서 즉위식을 거행했다. 인종은 27명의 조선 국왕 중 유일하게 명정전에서 즉위한 왕이다.

비록 한 나라의 지존이 되었지만 인종은 여전히 자신을 불효자라 여기며 국상 기간 동안도 최선을 다해 예를 갖췄다. 인종실록에는 이런 기록이 있다. '주상은 부왕이 평일에 거처하던 곳을 보고 가리키며 여기는 앉으신 곳이고, 여기는 기대신 곳이다, 하고 종일 울며 슬퍼하였다.' 심지어 수라상도 거부하니 국상 중 인종의 옥체는 날로 여위어갔다. 오죽했으면 대신들이 왕을 찾아 상중이라고 해도 병이 생기면 술도 마시고 고기도 먹되 병이 나으면 처음으로 돌아간다는 말이 있다며 수라 들기를 청할 정도였다. 이뿐만 아니라 효자 인종은 정치적으로 대척점에 서 있던 계모인 문정왕후를 친모 이상으로 섬기며 효를 다했고, 이복동생인 경원대군을 아들처럼 아꼈다고 한다. 인종의 능 이름이 왜 효릉孝陵인지 알 수 있는 대목이다.

정치적으로 인종은 부왕인 중종과 전혀 다른 행보를 보였다. 세자 시절부터 대윤과 소윤의 정쟁을 봐왔던 그는 갈라진 조정을 아우르는 작업을 했다. 중종반정 세력이라 할 수 있는 훈구파를 설득해 기묘사화로 사사된 조광조에 대해 신원伸寃을 명했고(실제 신원은 선조 대에 이루어짐), 조광조의 건의로 시행되었던 현량과賢良科 역시 부활시켰다. 당시 성균관 유생들은 과거(소과)를 통해 관원이 되었는데 그 과정에서 청탁 등 본래의 취지가 퇴색되어 인재를 뽑는 데 한계가 있었다. 이에 조광조

윤임 등을 돌아보며 "조광조를 복직시키고 현량과를 부활시키는 일은 내가 늘 마음속으로 잊지 않았으나 미처 용기 있게 결단하지 못하였으니, 이것만 되면 나는 죽어도 여한이 없다." 하였다.
ㅡ 인종실록(1545)

는 일단 추천으로 들어온 이들을 시험으로 뽑는 현량과를 만들었다. 이 제도를 통해 사림들이 관직을 얻고 훈구파와 대척점에 서면서 자연스럽게 권력의 분산이 이루어졌다. 하지만 앞서 살펴보았듯 기묘사화를 계기로 권력을 독점하게 된 훈구파가 현량과를 폐지함으로써 사실상 사림파는 와해되고 만다. 바로 이 제도를 인종은 부활하려 했다. 권력은 반드시 분산되어야 한다는 진리를 알고 있었던 인종은 건강이 악화되는 상황 속에서도 삼촌인 윤임을 불러 조광조의 복직과 현량과의 부활을 부탁한다.

공公과 사私가 이러하니 인종을 세종 이후 최고의 성군으로 꼽는 명성이 과장은 아닌 듯하다. 바로 그가 1545년 이곳 명정전의 어좌에 앉음으로써 조선 12대 국왕이 되었다.

🏛 정치하지 않은 정전, 명정전

조선 오백년 역사 중 단 한 번 즉위식(인종)이 거행된 창경궁 명정전은 성종 연간 창건되었다. 명정전은 조선의 5대 궁궐 중 유일하게 남쪽이 아닌 동쪽을 향한 정전이다. 남쪽에 종묘가 있는 창경궁의 지형상 장소가 협소해 어쩔 수 없이 정전과 정문(홍화문)을 동쪽으로 낸 것이다. 이런 이유에서였는지는 모르겠으나 창경궁을 창건한 성종 스스로도 '임금은 남쪽을 향해 정치를 하는데 명정전은 동쪽을 향하고 있으니 임금이 나라를 다스리는 정전이 아니다'라고 말했다. 심지어 명정전은 근정전이나 인정전과 다르게 단층 형식의 조촐한 구조로 설계되었다. 그러다 보

정전의 기능을 하지 못했던 창경궁 명정전

니 국가의 공식 행사보다는 연회나 과거를 치르는 장소로 활용
되곤 했다. 그런데 인종은 웅장한 인정전을 두고 명정전을 즉위
식 장소로 정했다. 그 이유는 전해지지 않지만 효심 가득한 그의
성품으로 보면 아마도 부왕을 떠나 보낸 아들의 송구한 마음 때
문이 아니었을까?

젊은 성군의 죽음 – 경복궁 청연루

시간이 흐를수록 인종의 몸은 점점 더 야위어갔다. 국장 기간인 데다 사신의 방문 등 여러 대소사가 겹쳐 하루도 쉴 날이 없는 상황이었다. 결국 인종은 몸져 눕고 말았다. 당시 그는 더운 여름철 바람이 잘 통하고 기온이 낮은 경복궁 경회루에서 치료를 받았다. 하지만 경회루는 규모가 너무 크고 어수선하다는 내의원의 의견에 따라 이내 규모가 작은 청연루로 침소를 옮겼다. 청연루는 경회루처럼 1층은 기둥, 2층은 마루로 된 누각으로 경복궁의 중궁전인 교태전 뒤쪽에 있었다.

그러나 인종의 건강은 쉽게 회복되지 않았고, 오히려 점점 더 나빠졌다. 결국 후사가 없었던 그는 배다른 동생인 경원대군(문정왕후의 아들)에게 옥새를 넘긴다는 명을 내리게 된다. 자신이 가망이 없다는 사실을 스스로 인지했기 때문이다.

1545년 실록에 기록된 바와 같이, 병과의 사투 중에도 관대를 차리지 않는 자신의 모습을 미안해하는 인종의 모습은 성군으로서의 성품을 그대로 보여준다. 결국 인종은 재위 8개월 만에 31세의 나이로 경복궁 청연루에서 승하한다.

인종은 혼란스러웠던 중종 시대를 극복할 수 있는 자질이 충분히 있었으나 하늘이 이를 허락하지 않았다. 그의 죽음을 가장 슬퍼했던 이들은 민초들이었다. 수많은 백성들이 경복궁 주변에 모여 통곡했다. 당시의 상황을 사관은 실록에 자세히 묘사하고 있다. 덕 있는 지도자를 가장 먼저 알아보는 이들은

약방 제조와 승지, 사관 등이 곧 경회루에 가서 문안하였다. 김승보가 나와서 말하기를, "의원들이 상께서 병이 위급하므로 마땅히 조용하고 작은 전각으로 옮기시어 의원들도 안심하고 드나들 수 있게 해야 한다." 하고 또한 중전께서도 상께서 옮기시길 바라므로 곧 청연루로 옮기셨다.
– 인종실록(1545)

이날 밤 3경에 상이 기절하였다가 다시 살아났다. 영상 등에게 전교하기를, "내 병세가 더하기만 하고 줄지는 않으니 마침내 일어나지 못할 것이다. 그러므로 이제 경원대군에게 양위하니 그리 알라." 하였다. 윤임(尹任)이 아뢰기를, "영상, 좌상 등이 왔습니다." 하니, 상이 이르기를, "관대(冠帶)를 차리지 않고 대신을 만나기가 미안하다. 경들은 내 기후를 보라." 하였다. 윤인경이 손으로 우러러 어루만져 보니 여윈 뼈가 앙상하여 차마 볼 수 없어 눈물이 쏟아지는 것을 참을 수 없었다. 상이 또한 매우 피곤하여 몸을 가누지 못하고 숨이 가빠서 쓰러지려 하자, 윤인경 등이 내관을 재촉하여 양위문서에 도장을 찍게 하고, 드디어 함께 목이 쉬도록 통곡하고서 나왔다.
– 인종실록(1545)

다름 아닌 민초들이었다.

만약 그가 조금 더 살아 더 많은 치적을 남겼다면 조선의 운명은 어떻게 되었을까? 460여 년 전 한 젊은 성군의 죽음에 안타까움이 더해진다.

사관은 논한다. 승하하시던 날에 광화문 밖의 수많은 백성들이 달려와 통곡하는 것이 밤이 되어도 끊이지 않았다. 유생들은 물론 미천한 지아비와 지어미까지도 거리를 메우고 길을 메워 누구나 다 가슴을 치고 슬퍼하는 모습에 가슴이 메어와 차마 붓을 들지 못하겠다. 즉위하신 지 1년도 못되었는데 대행왕(인종)에 대한 백성들의 마음이 이러하니, 덕이란 사람을 감동시키기 쉽고 사람에게 깊이 들어간다는 것을 알 수 있다.

– 인종실록(1545)

청연루

인종이 승하한 청연루

13
명종

모후에게 조종당한
꼭두각시 왕

경복궁 대화재

인종의 승하로 경원대군이 옥새를 받으니 그가 조선 13대 임금 명종이다.

명종 시대에 가장 안타까운 역사는 즉위 8년 만인 1553년 경복궁에서 발생한 대화재다. 1395년 경복궁이 만들어지고 나서 소소한 화재는 있었지만 이런 대형 화재는 건국 이래 처음이었다.

이로 인해 태조 대부터 인종 대까지 무려 150년간의 기록과 왕실의 보물이 순식간에 한 줌의 재로 변했다. 세종대왕의 곤룡포와 성종의 어필 등 진귀한 보물들이 모두 불탔으니 임금인 명종의 마음이 어떠했겠는가.

경복궁 궐내에 불이 났다. 태조가 즉위한 뒤 3년에 창건한 강녕전, 사정전, 흠경각이 모두 불타 버렸다. 이 때문에 선대왕으로부터 전해 오던 진귀한 보물과 서적 등도 모두 재가 되고 말았다. 이때 궁인들이 변고를 듣고 달려가서 재물을 꺼내려 하였으나 하나도 꺼내지 못하고 서책 몇 궤짝만을 경회루 연못에 있던 작은 배에 내다가 실었을 뿐이었다. 임금이 전교하기를 "대내가 모두 불타서 하늘에 계신 선대왕의 혼령을 놀라게 하였으니, 나의 마음이 망극하다." 하였다.
– 명종실록(1553)

문정왕후의 최후 – 창덕궁 소덕당

명종은 즉위 당시 나이가 어렸던 관계로 모후인 문정왕후가 수렴청정을 했다. 그러나 그녀와 소윤의 폭정은 국운을 날로 쇠퇴하게 만들었다. 대비가 아들을 왕으로 여기지 않고 자신의 사리사욕을 채우는 도구로 삼을 정도였으니 실록을 작성하는 사관들조차 혀를 내두를 지경이었다.

문정왕후는 동생인 윤원형과 함께 온갖 부정부패를 저질렀으며, 국고는 낭비되고 정치는 점점 혼탁해져 갔다. 심지어 윤원형의 소윤은 정치적 사건을 조작해 자신의 반대 세력을 처단하기도 했다. 그 대표적인 사건이 양재역 벽서 사건良才驛壁書事件이다.

1547년 경기도 과천 양재역에 익명의 벽서가 발견되어 조정에 보고되었는데, 벽서에는 '여주女主가 위에서 정권을 잡고 간신들이 아래에서 권세를 농간하고 있으니 나라가 장차 망할 것을 서서 기다릴 수 있게 되었다. 어찌 한심하지 않은가.'라는 내용이 들어 있었다. 여주는 누가 봐도 대비인 문정왕후이고 간신은 소윤들이었다. 문정왕후는 마치 이 사건을 기다렸다는 듯이 정적을 숙청하기 시작했다. 이를 정미사화丁未士禍(1547년)라 부른다.

명종 시대에는 중종 대부터 쌓인 부정부패가 사회 전체를 멍들게 했다. 이때 등장한 인물이 임꺽정이다. 백정 신분인 임꺽정은 함경도와 황해도를 중심으로 관아를 털어 빈민에게 곡식을 나눠줬던 의적으로, 백성들은 임꺽정 일당의 행각에 호응하며 관군의 정보를 미리 알려주기도 했다.

그러다 보니 조정에서는 임꺽정을 잡기 위해 혈안이 되어 있었다. 하지만 진짜 적폐는 임꺽정이 아니라 부정부패를 일삼는 탐관오리라는 사실을 모르는 이가 없었다. 물론 임꺽정이 진짜 의적이었는지 단순한 도둑이었는지는 정확하지 않다. 그러나 관아를 터는 그의 모습을 보고 민초들은 분명 통쾌함을 느꼈을 것이다.

국정을 농단해 나라를 어지럽힌 문정왕후의 폭치는 여기서 그치지 않았다. 그녀는 승려들을 가까이 해 국법을 농락했으

사신은 논한다. 재상들의 횡포와 수령들의 포학이 백성들의 살과 뼈를 깎고 기름과 피를 말려 잠시라도 연명하려고 도적이 되었다면, 도적이 된 원인은 정치를 잘못하였기 때문이요 그들의 죄가 아니다. 어찌 불쌍하지 않은가. 황해도의 도적은 모이면 도적이고 흩어지면 백성은. 임꺽정을 비록 잡더라도 종기가 안에서 곪아 혼란이 생길 것인데, 더구나 임꺽정을 꼭 잡는다고 단정할 수도 없지 않은가. 나랏일이 날마다 그르게 되어가는데도 구원하는 자가 없으니, 탄식하며 눈물을 흘릴 뿐이다.
– 명종실록(1561)

며, 동생 윤원형의 첩인 정난정 또한 정치에 관여하며 온갖 부정부패를 일삼았다.

하지만 문정왕후도 세월을 비껴갈 수는 없었다. 그녀는 1565년 창덕궁 소덕당에서 생을 마감했다. 야사에는 그녀가 불교 행사를 위해 목욕재계를 한 뒤 다시는 일어나지 못했다고 전해진다. 그녀가 죽은 뒤 동생 윤원형과 첩인 정난정 역시 비참한 최후를 맞이했다.

문정왕후는 중종의 계비가 된 후 세 명의 공주를 낳았다. 왕비에게 아들이 없다는 것은 정치적 방어막이 사라진다는 뜻이다. 게다가 장성한 세자(인종)를 비롯해 다른 후궁들도 왕자들을 낳았으니 아마 그녀는 매일 가시방석 같은 자리를 지켰을 것이다. 그런 그녀가 궁에 들어온 지 17년 만에 경원대군(명종)을 낳았다. 어쩌면 그때부터 탐욕은 시작되었는지 모른다.

마음고생한 지난 날을 보상받기 위해서였을까? 그녀의 무자비한 국정 농단은 조선의 역사를 퇴보시켰다. 망가진 제도는 쉽게 회복되지 못했고, 그녀가 죽은 지 20여 년 뒤 조선 왕조는 임진왜란이라는 초유의 위기를 맞이하게 된다.

🁢 소덕당을 찾아서

세조실록을 보면 창덕궁의 선정전 후서별실을 보경당, 후동별실을 소덕당이라 적고 있다. 즉 소덕당은 지금의 선정전 북동쪽에 위치했다는 뜻이다. 동궐도에 보경당은 묘사되어 있으나 소덕당이 있던 곳에는 재덕당이란 전각이 그려져 있다. 현재는 보

대왕대비가 창덕궁 소덕당에서 승하하였다. 사신은 논한다. (중략) 대개 윤 왕후와 그의 아우 윤원형은 중외에서 권력을 전행하매 20년 사이에 조정의 정사가 흐트러지고 염치가 땅을 쓸어낸 듯 없어지며 백성이 곤궁하고 국맥(國脈)이 끊어졌으니, 종사가 망하지 않은 것이 다행일 뿐이다. (중략) 《서경》 목서(牧誓)에 '암탉이 새벽에 우는 것은 집안의 다함이다.' 하였으니, 윤씨를 이르는 말이라 하겠다. 아, 슬픈 일이다.

– 명종실록(1565)

경당과 재덕당(소덕당) 모두 사라져 빈터만 남아 있다. 아마도 일제 강점기에 훼철되지 않았나 싶다.

　조선시대 궁궐 건축은 땅을 다져 기둥을 올리기 때문에 웬만한 잔재들은 땅속에 묻혀 있기 마련이다. 실제로 경복궁의 흥복전 터 발굴 조사 때에는 조선 전기의 기와들이 무더기로 출토되어 많은 관심을 받았다. 아마도 지금 이곳 선정전 북쪽 터를 파 보면 조선 후기에 그려진 동궐도에 묘사된 재덕당은 물론 조선 전기의 소덕당 흔적도 찾을 수 있을 것이다.

문정왕후가 승하한 창덕궁 선정전 북쪽 소덕당 터

서글픈 명종의 최후 – 경복궁 양심당

명종은 개인적으로도 불행한 삶을 살았다. 폭정을 일삼는 어머니의 그늘 아래 제대로 정치를 펼쳐보지도 못한 상황에서 우울증까지 앓았다. 20살이 되어 친정을 시작했지만, 여전히 권력은 대비에게 있었다. 유교 국가의 조정에 승려들이 들어와 행세를 하고 외척들의 부정부패로 인해 나라는 풍전등화의 위기에 처했다. 게다가 명종은 어린 아들인 세자를 먼저 보내는 슬픔을 겪기까지 했다.

명종의 우울증 증세는 왕세자의 요절 이후 더욱 심해졌다. 시간이 흐를수록 병은 깊어졌고, 결국 그는 자신의 배다른 형제인 덕흥군의 아들 하성군을 후계자로 점찍었다. 그러나 하성군을 세자로 삼는다는 교지는 명종의 입이 아니라 왕비인 인순왕후의 명에 의해 이루어졌다. 당시 명종은 이미 말을 할 수 없을 정도로 상태가 위중했기 때문이다. 우울증에 따른 합병증에 이질까지 도진 명종은 결국 다시 일어나지 못하고 1567년 재위 22년 만에 경복궁 소침(부속 건물) 양심당에서 생을 마감했다. 그의 나이 34세였다.

명종이 승하한 서북쪽 소침인 양심당은 지금 존재하지 않는다. 다만 지금 강녕전의 서북쪽 소침 이름이 응지당이니, 양심당은 지금의 응지당이 있던 곳으로 추정할 수 있다.

조선 왕조 500년 기간 동안 이처럼 존재감 없는 왕도 없었을 것이다. 친정을 시작한 1553년 이후에도 그는 아버지 중종

사신은 논한다. 대비는 스스로 명종을 왕으로 만든 공이 있다 하여 때로 주상에게 '너는 내가 아니면 어떻게 이 자리를 소유할 수 있었으랴.' 하고, 조금만 여의치 않으면 곧 꾸짖고 호통을 쳐서 마치 민가의 어머니가 어린 아들을 대하듯 함이 있었다.
– 명종실록(1565)

왕세자가 졸(卒)했다.
– 명종실록(1563)

얼마 전 상의 체후가 미령하여 대신들이 국가 대계를 위해 세자를 세울 것을 청했는데, 중전이 덕흥군의 셋째 아들 하성군 이균을 세우고자 한다고 답했다.
– 명종실록(1565)

축시에 상이 경복궁 소침인 양심당에서 훙하였다.
– 명종실록(1567)

경복궁 대전인 강녕전(오른쪽), 서쪽 침전 경성전(왼쪽) 그리고 서북쪽 소침전 응지당(가운데)

처럼 제대로 된 견제 세력을 키우지 못한 채 어머니와 외척의
전횡을 지켜볼 수밖에 없었다. 그래서인지 대전인 강녕전이
아닌 소침에서 승하한 명종의 운명은 안쓰럽기까지 하다.

🏯 경복궁 강녕전과 부속 건물

강녕전은 왕이 생활하는 경복궁의 대전이다. 강녕은 유교에서 말하는 다섯 가지의 복 중 몸이 건강하고 마음이 평안하다는 강녕(康寧)에서 왔다.

왕이 잠을 자는 대전은 궁궐에서 가장 중요한 전각이다. 당연히 부속 건물이 같이 있어 화재 등의 비상 사태에 대비했다. 강녕전을 중심으로 동쪽과 서쪽에는 각각 연생전과 경성전이 위치하고, 동북쪽 소침인 연길당과 서북쪽의 응지당까지 갖추어 총 4채의 건물이 보조 역할을 하고 있다.

정도전이 올리길 "강녕전에 대하여 말씀드리면, 《서경》에서 오복(伍福) 중에 셋째가 강녕(康寧)입니다. 대체로 임금이 마음을 바루고 덕을 닦아서 황극(皇極)을 세우게 되면, 능히 오복을 향유할 수 있으니, 원컨대 전하께서는 안일한 것을 경계하며 공경하고 두려워하는 마음을 두어서 황극의 복을 누리시면, 성군의 자손이 계승되어 천만 대를 전하리이다. 그래서 연침(燕寢)을 강녕전이라 했습니다." 하였다.
– 태조실록(1395)

경복궁의 대전 강녕전과 주위의 부속 건물들

14
선조

나라를 버리고
파천을 떠나다

불타버린 조선의 궁궐들

후사가 없던 명종이 배다른 동생인 덕흥군의 아들 하성군에게
옥새를 물려주니 그가 조선 14대 임금 선조다. 선조의 아버지
인 덕흥군은 중종의 후궁인 창빈 안씨의 아들로, 선조는 조선
왕조가 건국된 이후 최초로 후궁의 자손으로서 왕이 된 인물
이다.

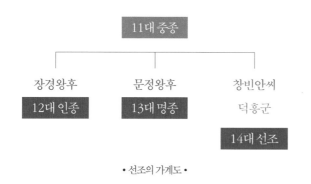

• 선조의 가계도 •

　선조 시대의 가장 큰 정치적 변화는 태조 대부터 이어오던
훈구 세력들이 몰락하고 사화 등으로 모진 고생을 했던 사림
파들이 주요 세력이 되었다는 점이다. 세력이 커지면 정책에
대한 관점의 차이를 보이고 분파되기 마련이니 사림파도 서인
과 동인으로 나뉘었다. 이 같은 명칭으로 불리는 이유는 이황
의 학풍을 따랐던 이들은 경복궁 동쪽에 살았고, 이이의 학풍
을 따랐던 이들은 서쪽에 살았기 때문이다.
　사림파의 분파는 일명 '붕당朋黨'이라는 것을 만들었는데, 이

는 조선 중기 학맥과 정치적 입장에 따라 형성된 집단으로 동인과 서인이 서로 비판하고 견제하면서 행하던 정치 형태를 말한다. 초기 붕당은 당파보다는 개인의 소신을 더욱 중요시했고, 결국은 최종 결정권자인 왕의 역할이 커지게 되었다.

1591년 일본에는 전쟁의 분위기가 감돌았다. 이에 조선 조정은 통신사를 파견했지만 같은 날 같은 모습을 본 통신사 세 명의 의견은 완전히 달랐다. 서인인 황윤길과 동인인 허성은 도요토미 히데요시가 전쟁을 일으킬 것이라고 주장하는 반면, 동인인 김성일은 도요토미는 결코 그럴 위인이 아니라며 **반대 의견을 냈다.** 전쟁이 발발할 것이라는 의견이 우세한 상황이었음에도, 선조는 전쟁이 결코 일어나지 않을 것이라는 판단을 내렸다. 분명한 오판이었다.

이날 선조의 판단은 엄청난 비극을 가져오고 말았다. 1년 후인 1592년 임진년에 부산성을 함락한 왜군은 기세등등하게 한양으로 북진했다. 상상을 초월한 속도였다. 결국 비가 엄청 내리는 새벽, 선조는 창덕궁을 버리고 피난길에 오른다.

이 과정에서 호종하는 대신들의 수가 100명도 되지 않았다는 점은 당시의 상황을 그대로 보여준다. 대부분의 신하들과 궁인들이 도망쳤다는 이야기다. 왕은 명나라 국경 근처까지 피난을 가는 수모를 겪었고, 그사이 200년 역사를 품은 경복궁, 창덕궁, 창경궁은 모두 잿더미가 되어버렸다. 이 사실 하나만으로도 선조는 역사에 중죄를 지은 것이다.

새벽에 상이 인정전에 나오니 백관들과 인마(人馬) 등이 대궐 뜰을 가득 메웠다. 이날 온종일 비가 쏟아졌다. 상과 동궁은 말을 타고 중전 등은 뚜껑 있는 교자를 탔었는데 홍제원에 이르러 비가 심해지자 숙의(후궁의 품계) 이하는 교자를 버리고 말을 탔다. 궁인들은 모두 통곡하면서 걸어서 따라갔으며 종친과 호종하는 문무관은 그 수가 1백 명도 되지 않았다.
– 선조실록(1592)

도성의 궁성에 불이 났으니 경복궁, 창덕궁, 창경궁 세 궁궐이 일시에 모두 불타 버렸다.
– 선조수정실록(1592)

임시 궁궐 – 정릉동 행궁

1년 만에 돌아온 조선 조정은 불탄 궁궐을 대신해 지금의 중구 정동 인근의 저택들을 모아 임시 궁궐, 즉 행궁으로 사용했는데, 이곳이 오늘날 덕수궁의 시초가 되었다.

말이 궁궐이지 정릉동 행궁은 그냥 여염집 그 자체였다. 이 집은 편전, 저 집은 정전으로 사용한 임시방편일 뿐이었다. 그러다 보니 선조는 경복궁 터에 임시 궁궐을 다시 지으라고 명을 내린다. 그러나 그 명은 행해지지 못했다. 예상과 다르게 전쟁이 7년이나 이어졌기 때문이다. 전쟁 중 궁궐 중건은 엄두도 못 낼 일이었고, 더군다나 다른 궁궐에 비해 그 규모가 큰 경복궁 중건은 현실적으로 쉽지 않은 일이었다.

선조가 머물렀던 침전 – 경운궁 석어당

선조와 집권 세력은 임진왜란 내내 무능함을 드러냈다. 오직 명나라만이 자신들을 지켜줄 것이라 믿었던 그들은 심지어 군사권마저 명나라 군대에 넘겨버리고 만다. 그러나 타국의 영토를 목숨 걸고 지킬 명나라 군인들이 몇이나 되었겠는가!

결국 임진왜란은 수많은 의병들과 이순신의 항전이 있었기에 끝낼 수 있었던 전쟁이었다. 매일 들리는 이순신의 승전 소식은 빠르게 퍼졌고, 그는 이미 백성들의 영웅이 되어 있었다.

10월 의주에서 한성으로 돌아오는 임금께서 아침에 벽제역을 출발하여 미륵원에서 주정(임금이 잠시 머물러 낮 수라를 드시는 것)하고 저녁에 정릉동의 행궁으로 들어갔다.
– 선조실록(1593)

전교하였다. "10년 안에는 궁궐을 짓기가 어려울 것이다. 그렇다고 여염집에 오래 있을 수도 없는 데다가 허술하여 우려되는 일이 많다. 더구나 왜적들이 묵던 소굴인데 감히 그런 곳에서 기거하기가 어찌 마음 아프지 않겠는가. 경복궁은 성이 있고 후원이 훤하게 넓으니, 지금 즉시 남산 밖의 소나무를 베어 놓았다가 내년 봄에는 바로 임시 전각을 지어서 이어(移御)하도록 하라."
– 선조실록(1593)

승정원이 이순신의 전사 소식을 전하니 임금이 말하기를 "알았다. 오늘은 밤이 깊어 할 수가 없다. 내일 아침 승정원에서 알아서 하라" 하였다.
　- 선조실록(1598)

하지만 이 소식을 들은 선조와 조정 대신들의 심정은 그리 편하지 않았다. 이순신이 영웅이 될수록 자신들의 무능함이 드러나기 때문이었다. 심지어 선조는 행궁의 침전에서 이순신의 전사 소식을 전해 듣지만 마치 별일 아닌 듯 시큰둥한 반응을 보였다. 실제로 이순신이 충무공의 시호를 받은 것은 1643년 인조 연간이었으니, 당시 이순신을 대하는 조선 조정의 태도가 어느 정도였는지 알 수 있는 대목이다.

선조는 자신이 후궁의 자손으로 왕이 된 인물이다 보니, 세자만은 반드시 왕비의 소생이어야 한다는 생각을 가지고 있었다. 그러나 정작 정비인 의인왕후에게는 자식이 없었다. 그런 와중에 임진왜란이 터졌고, 선조는 급히 국본國本(세자)을 정해야 했다. 바로 후궁인 공빈 김씨의 아들인 광해군이다.

세자 광해군은 아버지 선조를 대신해 임진왜란 당시 전장을 누비며 군대를 독려했고 많은 민심을 얻었다. 선조는 자신이 망쳐놓은 나라를 세자가 구한다고 생각해서인지 마치 이순신을 바라볼 때처럼 광해군을 불편해했다. 그러는 사이 정비인 의인왕후가 승하하고, 계비인 인목왕후가 아들인 영창대군을 순산한다. 선조가 그리 원하던 왕비 소생의 아들이었다.

이미 민심의 지지를 받는 세자가 있었음에도 선조는 새로 태어난 영창대군만을 예뻐했다. 광해군은 비상시국에 세워진 임시 세자였고, 정작 선조의 옥새를 받을 이는 어린 영창대군인 것만 같은 분위기였다. 조정 역시 주요 세력인 서인이 영창대군을 지지했고, 세자인 광해군을 지지한 이들은 소수파인 동인(북인) 정도였다.

　그런데 문제는 영창대군의 나이가 너무 어렸다는 것이다. '왕자의 난'과 단종의 경우를 보아도 모두 왕이나 세자가 어려서 벌어진 일이니 선조의 근심은 커져만 갔다. 결국 그는 세자인 광해군에게 옥새를 넘긴다는 유언을 남기고 1608년 정릉동 행궁 침전에서 승하한다. 마음은 영창대군에게 기울어 있었으나 어쩔 수 없이 광해군을 선택한 것이다. 그의 마음은 광해군에게 내린 유서에도 잘 드러나 있다.

임금이 유서를 빈청(삼정승이 회의하는 곳)에 내렸는데, 그 내용은 다음과 같다. "형제 사랑하기를 내가 있을 때처럼 하고 참소하는 자가 있어도 삼가 듣지 말라. 이로써 너에게 부탁하니 모름지기 내 뜻을 본받아라."
　－선조실록(1608)

선조의 침전이었던 정릉동 행궁(지금의 덕수궁)의 석어당

선조의 승하를 기록한 1608년 실록에 나온 정전正殿은 침전을 의미한다. 당시 선조가 승하한 정릉동 행궁의 침전은 후대 왕에 의해 석어당昔御堂이란 이름이 붙여졌다. '옛날에 임금이 머물렀던 집'이란 뜻의 석어당은 선조가 20여 년간 머물렀던 곳으로 임진왜란을 극복한 상징적 장소로 여겨졌다.

석어당은 다른 전각과 달리 단청이 없다. 아마 선조가 일반 사가를 개조해 침전으로 사용했기 때문에 당시의 모습을 그대로 남기려는 후대 왕들의 의지가 아니었을까 싶다. 이곳에서 선조는 이순신의 전사 소식을 들었고, 못마땅했던 광해군에게 왕위를 넘긴다는 유서를 남겼다.

누가 봐도 임진왜란은 선조와 서인들이 만들어낸 무능력의 결과였다. 하지만 그들은 자신들이 명군을 불렀기에 전쟁에서 이길 수 있었다고 생각했다. 선조에게는 이순신도, 세자인 광해군도 그리 대단한 영웅이 아니었던 것이다.

15
광해군

그날 밤,
돈화문이 열리다

궁궐에 집착한 왕, 광해군 – 경희궁, 인경궁

선조의 뒤를 이어 세자인 광해군이 옥새를 받아 조선 15대 임금이 되었다. 부왕인 선조가 초라한 행궁에서 삶을 마감한 모습을 본 광해군은 창덕궁, 창경궁 중건 사업에 박차를 가하는 동시에 선조가 20년 가까이 지냈던 정릉동 행궁에 경운궁慶運宮이라는 이름을 붙였고, 이곳은 1897년 대한제국의 황궁이 되기 전까지 일종의 문화재처럼 보존되었다.

광해군이 왕이 되었지만 배다른 동생인 영창대군을 따르는 서인 세력이 너무 커 당시의 조정은 말 그대로 여소야대의 형국이었다. 서인들은 영창대군을 앞세워 반정 분위기를 조성했다. 위기감을 느낀 광해군 세력은 결국 계모인 인목대비를 선조의 침전인 경운궁 석어당에 유폐하고, 대비의 아버지를 역모로 몰아 사사시키는가 하면, 영창대군마저 강화도로 귀양을 보내 죽였다. 태종과 이방석, 세조와 단종, 광해군과 영창대군까지, 권력의 법칙에 예외는 없었다. 하루아침에 아버지와 자식을 잃고 옛 궁궐에 유폐되기까지 한 인목대비의 마음은 어떠했을까?

영창대군을 제거했으나 여전히 서인 세력은 거대했고 왕권은 강하지 못했다. 게다가 계모를 쫓아내고 배다른 동생을 죽였다는 사실은 유교 국가 조선의 왕에게는 치명적인 결함과도 같았다. 이유는 알 수 없으나 광해군은 이때부터 이상할 정도로 궁궐에 집착하기 시작했다. 아마도 왕권이 약화된 상황 속

승정원에서 정릉동 행궁의 이름을 흥경궁이라 하려고 했는데 임금이 말하길 "이것은 예전의 궁호이니 적절하지 않은 것 같다. 합당한 궁호를 여러 개 써서 아뢰라." 하였다. 드디어 고쳐서 경운궁이라고 했다.
– 광해군일기(1611)

에서 궁궐 건립에 모든 것을 쏟아부음으로써 시선을 돌리려는 속셈도 있었을 것이고, 또 화려하고 웅장한 궁궐로 왕권을 과시하려는 의도도 있었을 것이다. 어쨌거나 그의 궁궐에 대한 집착은 상식과 도를 넘어서고 있었다.

광해군은 창덕궁과 창경궁을 완공했음에도 경복궁 터 옆 인왕산 쪽에 인경궁仁慶宮이라는 새로운 궁궐을 지었다. 그러나 여기서 끝이 아니었다. 이번에는 인왕산 남쪽으로 왕기가 넘친다는 이야기를 듣고는 또 다른 궁궐인 경희궁慶熙宮을 짓기 시작했으니, 전후 복구도 힘든 상황 속에서 엄청난 무리수를 두고만 것이다.

반정의 시작 – 창덕궁 돈화문

이런 와중에 외교 문제 역시 광해군에게 불리하게 돌아가고 있었다. 당시 야당이었던 서인 세력은 철저한 친명파였다. 그들의 논리에 따르면 임진왜란 때 궁궐을 버리고 도망치긴 했지만 사대외교 덕분에 명나라 군대가 왔고, 그로 인해 전쟁이 끝났으니 결국 임진왜란을 이겨낸 공은 명나라에게 구원을 요청한 자신들에게 있다는 것이었다.

그 후 서인 세력은 자신들의 잘못을 합리화하기 위해 더욱더 친명 프레임을 강화했다. 하지만 국제 정세는 이와 전혀 다르게 흘러가고 있었다. 임진왜란 이후 명나라의 국력은 완전

임금께서 전교하셨다. "인경궁과 경희궁, 이 두 궁궐은 반드시 내가 직접 가서 여러 번 상의하고 살펴본 연후에야 후회가 없을 것이다. 인경궁의 광정전, 홍정전 두 궁전을 서둘러 먼저 지어 놓으면 내가 수시로 거동하여 볼 것이니, 이 뜻을 잘 알아서 되도록 빨리 조성하도록 하라."
– 광해군일기(1617)

임금께서 전교하셨다. "10월이 지나고 나면 날씨가 추워지고 해도 짧아져 공사를 그대로 진행시키기가 어렵다. 그리고 보면 앞으로 공사할 기간이 3개월밖에 남아 있지 않은데 시간만 보내는 일이 날이 갈수록 심해져 공사를 끝낼 기약조차 보이지 않는다. 경희궁 신축 공사도 어려운 일이 없을 듯한데 일하는 이들이 점점 더 해이해지고 있는 듯하다. 공사를 각별히 독촉하여 속히 일을 마무리 짓도록 하라."
– 광해군일기(1618)

히 쇠퇴했고, 오랑캐라 무시했던 북방의 후금(청)이 세력을 키워 명나라를 위협하는 형국이 되었다. 바로 이때 후금의 위협을 받은 명나라가 조선에 파병을 요청해온다.

조선 조정은 명분상으로 명나라에 파병을 해야 했으나 현실적으로는 떠오르는 신흥 강자인 후금과 더 가까워져야 했다. 그러니 광해군은 망설일 수밖에 없었다. 바로 이 망설임이 서인 세력에게 반정의 명분을 주고 말았다. 그들은 광해군이 명나라를 배신한다고 생각했고, 이를 명분으로 광해군의 조카인 능양군을 앞세워 반란을 일으켰다. 이것이 바로 인조반정이다.

그러나 인조반정은 중종반정과는 달리 역사적 명분이 부족했다. 광해군이 지나치게 궁궐에 집착하는 등 일부 실정失政이 있었지만 연산군처럼 왕의 도리를 저버린 것은 아니었기 때문이다. 심지어 대동법 같은 많은 개혁 정책을 추진하기도 했다.

반정이 일어난 밤 광해군은 창덕궁 후원에 있었고 반정이 있을 것이라는 보고를 받았음에도 이를 대수롭지 않게 치부했다. 쉽게 도성을 통과한 반정군이 도착한 곳은 창덕궁의 정문인 돈화문이다. 당시 돈화문은 조선 최정예 부대가 지키고 있었으나 반정군이 진격하는 순간 돈화문의 문이 열린다. 궁궐 수비대 대장 이흥립이 이미 반정군과 내통하고 문을 열어준 것이다.

무혈입성한 반정군은 창덕궁의 전각을 뒤지며 광해군을 찾았고 능양군은 이미 궐의 주인이 된 양 인정전의 옥좌에 앉아 있었다. 당시 광해군은 후원의 담을 넘어 도망쳤으나 곧 체포

이이반이 아뢰길 "전하, 오늘 역적의 모의가 있을 것이며 그들이 홍제원에 모여 군사를 일으킬 것이라는 첩보가 들어왔습니다. 이는 역모이오니 반드시 그들을 잡아들여 종묘사직을 바로 세우시옵소서." 하니 임금은 연회에 술에 취하여 그 말을 듣고도 대수롭지 않게 여겨 그저 도성의 경계만을 강화하라 명하셨다.
– 광해군일기(1623)

돈화문

인조반정의 시작, 창덕궁의 정문 돈화문

되고 만다.

인조반정은 내외적으로 많은 비극을 낳았다. 우선 중종과 인조 때 일어난 두 번의 반정이 성공함에 따라 왕은 언제든 사대부들이 원하면 바뀔 수 있는 존재가 되었다. 또한 명나라를 사대하고 청나라와 대립하며 조선은 다시 한번 전쟁의 소용돌이에 휘말리게 된다.

인조반정 당시 열렸던 창덕궁의 정문 돈화문은 지금까지 원형 그대로 남아 있다. 무려 400년의 풍파를 견딘 것이다. 1623년 돈화문이 열리면서 광해의 시대는 막을 내렸다. 만약 그날 밤 돈화문이 열리지 않았다면 역사는 어느 방향으로 흘렀을까? 오늘도 돈화문은 그 물음을 간직한 채 창덕궁을 굳건히 지

의병은 이날 밤 북을 울리며 진입하여 곧바로 창덕궁에 이르렀다. 이흥립은 궐문 입구에 포진하여 군사를 단속하여 움직이지 못하게 하였다. 이항이 돈화문을 열어 의병이 바로 궐내로 들어가자 호위군은 모두 흩어지고 광해는 후원 문을 통하여 달아났다. 군사들이 앞을 다투어 침전으로 들어가 횃불을 들고 수색하다가 그 횃불이 옮겨붙어 여러 궁전이 연소하였다. 임금(능양군)이 인정전 어좌에 앉았다. 광해는 내의원 의관 안국신의 집에 도망쳤으나 안국신이 와서 고하므로 장수들을 보내 체포해 왔다.
- 광해군일기(1623)

키고 있다.

🏯 돈화문이 서쪽 끝에 있는 이유

돈화문은 이궁인 창덕궁의 정문으로 1412년 건립되었다. 경복궁의 정문인 광화문이 남쪽의 정중앙에 있는 것에 비해 돈화문은 창덕궁의 서쪽 끝에 위치한다. 그 이유는 남쪽의 종묘 때문이다. 창덕궁을 건립할 때 이미 종묘는 조성된 상태여서 정문을 만들 공간이 없었다. 그래서 경복궁과 가까운 서쪽 끝에 정문을 조성하게 된 것이다.

창덕궁 진선문(進善門) 남쪽에 누문(樓門) 5간을 세워서 '돈화문'이라고 이름하였다.
– 태종실록(1412)

16
인조

오랑캐에게
머리를 조아리다

석어당

천륜을 거스른 광해군을 폐위하다
– 덕수궁 석어당, 즉조당

능양군을 앞세워 반정에 성공한 세력들은 즉시 인목대비가 유폐된 석어당으로 향했다. 반정의 정당성을 왕실 최고 어른인 대비에게 알리고 능양군의 즉위를 허락받기 위해서였다. 그들은 체포한 광해군을 석어당 앞마당으로 끌고 왔고, 마루 위에는 분노에 찬 인목대비가 서 있었다. 아버지를 역모로 몰아 죽이고 어린 아들마저 잔인하게 죽인 광해군을 향한 대비의 원한은 어느 정도였을까?

석어당의 앞마당에 서니, 무릎을 꿇은 채 고개를 숙이고 있는 광해와 울분에 차서 일갈하는 대비의 모습이 그려지는 듯하다. 광해군이 석어당에서 폐위당함으로써 능양군은 바로 옆 건물인 즉조당에서 조선 16대 임금으로 등극한다.

사라진 궁궐 – 인경궁

반정으로 정권을 잡은 세력은 반드시 그 전 정권을 평가 절하한다. 그래야 반정의 명분이 서기 때문이다.

광해군이 폐위된 이유 중 하나는 과도한 궁궐 건립으로 인한 세금의 낭비였다. 인조는 즉위하자마자 광해에 의해 만들어진 인경궁의 전각들을 허물어 창덕궁과 창경궁으로 옮겼고,

인목대비가 유폐되었던 석어당.
마당에는 광해군이 무릎을 꿇고 마루 위에 서 있던 인목대비의 명을 기다렸을 것이다.

인조가 즉위한 즉조당

대신이 아뢰기를, "인경궁은 백성의 고혈을 짜내어 창건한 것이니 훼철하자는 논의는 정당하다고 하겠습니다. 다만 헐어서 비용에 보태 쓰도록 하는 것이 무방할 듯합니다." 하니, 답하기를 "대신의 의논대로 시행하라." 하였다.

– 인조실록(1625)

이수광이 아뢰기를, "선조조(宣祖朝)의 실록은 적신의 괴수(광해군과 북인 세력들)에 의하여 편찬되어 부끄럽고 욕됨이 심하니 당연히 고쳐 찬술하도록 해야 합니다." 하고, (중략) 상이 이르기를, "이 일은 선조(先祖) 때의 일이라서 가볍게 의논할 수 없으니, 대신에게 의논하여 처치하라." 하였다.

– 인조실록(1623)

그렇게 인경궁은 역사에서 사라진 궁궐이 되었다. 만약 인조반정이 성공하지 못했다면 현재 서울에는 여섯 개의 궁궐이 남아 있을지도 모른다.

🔥 누가 궁궐에 불을 질렀나?

인조반정의 주축이었던 서인 세력은 정권을 잡은 후 선조수정실록을 편찬하기 시작했다. 수정실록이란 후대에 일부 내용을 추가해 편찬한 실록이다. 실록은 왕의 승하 후 다음 왕에 의해 제작되는데, 선조실록이 광해군을 지지했던 동인(북인)들에 의해 제작되다 보니 1592년 선조실록에는 임진왜란 당시 궁궐을 버리고 도망치는 선조와 서인들의 모습이 적나라하게 묘사되어 있다. 이는 서인 입장에서 매우 불편한 내용이 아닐 수 없었고, 인조반정으로 정권을 잡은 그들은 바로 선조실록의 수정본을 제작할 것을 건의했다. 참고로 수정실록은 기존 실록 내용을 삭제하고 수정한 것이 아니라 수정본을 추가 제작한 것으로 후손들에게 역사의 판단을 맡기게 했다.

선조수정실록은 인조 때 시작해 인조의 아들인 효종 때 편찬이 완료되었다. 그런데 선조수정실록에는 선조실록 어디

선조수정실록

에도 찾아볼 수 없는 왜란 당시의 궁궐 방화범이 특정되어 등장한다. 그 범인은 바로 '간악한 백성'이었다.

반면에 선조실록 1592년 4월 30일자에는 "새벽에 궁궐을 떠나다"라는 기록뿐이다. 즉 파천을 떠나기 전후의 상황만 있을 뿐 엄청난 사건인 궁궐 화재에 대한 내용은 없다. 이 말은 파천 당시만 해도 궁궐이 불타지 않았다는 뜻이다. 물론 실록의 내용과 다르게 파천 후 화재가 발생했을 수도 있다. 하지만 실록이란 임금의 승하 후 생전 기록을 정리한 역사서이다. 선조실록 역시 1608년 선조 사후 편찬된 기록물로 궁궐 방화 같은 대형 사건은 당연히 기록에 남아 있어야 한다.

그런데 정권이 바뀌고 수정실록이 제작되면서 '간악한 백성'이 궁궐에 불을 낸 방화범으로 새롭게 특정된 것이다. 이 기록은 마치 서인 자신들은 열심히 국난을 헤쳐나가고 있는데 무지한 백성들이 난을 일으켜 궁궐을 불태웠다는 어조다.

또한 선조수정실록에는 '어가가 파천을 떠날 때 즈음 궁궐에 불이 났다'고 적혀 있으나, 선조실록에는 '비가 너무 많이 와서 피난 도중 후궁들은 가마를 버리고 말을 탔다'는 등 당시의 상황을 자세히 묘사하고 있다. 폭우가 내리는 날에 도성 바로 앞까지 일본군이 몰려오는 상황 속에서 어느 한가한 백성이 수백 채의 궁궐 전각에 불을 지르고 있었을까? 그럴 만한 날씨도 아니었고, 그럴 만한 상황도 아니었다.

그렇다면 도대체 누가 궁궐을 방화했단 말인가? 이 의문에 대해 일부 학자들은 일본 측 기록에 주목한다. 당시 일본도 전투일

도성의 궁성에 불이 났다. 거가(車駕, 임금의 수레)가 떠나려 할 즈음 도성 안의 간악한 백성이 궁성의 창고를 크게 노략하고 인하여 불을 질러 흔적을 없앴다. 경복궁, 창덕궁, 창경궁의 세 궁궐이 일시에 모두 타버렸다. 유도대장이 몇 사람을 참하여 군중을 경계시켰으나 난민이 떼로 일어나서 금지할 수가 없었다.
- 선조수정실록(1592)

파천을 떠나는 날은 온종일 비가 쏟아졌다. 상과 동궁은 말을 타고 중전 등은 뚜껑 있는 교자를 탔었는데 홍제원에 이르러 비가 심해지자 숙의(후궁의 품계) 이하는 교자를 버리고 말을 탔다.
- 선조실록(1592)

지를 기록으로 남겼는데 일본 측 기록은 우리 측 기록과 차이를 보인다.

4월 30일 선조가 피난을 떠났고, 3일 만인 5월 3일 왜장 고니시 유키나가가 이끈 부대가 한성에 입성했다. 그러나 그들의 기록에는 타버린 궁궐은커녕 웅장한 경복궁의 모습이 그대로 묘사되어 있다.

분명 선조수정실록의 내용과 대비된다. 고니시 부대가 한양을 떠난 후 다음날인 5월 4일, 이번에는 왜장 가토 기요마사 부대가 도착했으나 그들 역시도 화려한 궁궐의 모습을 기록에 남겼다.

일본측 기록이 사실이라면 5월 4일까지도 우리 궁궐은 불타지 않았던 것이다. 그리고 5월 7일 입성한 일본 측 기록에는 절망적인 궁궐의 모습이 묘사되어 있다.

지금까지의 기록을 조합해 보자면 5월 4일 한양에 도착한 가토의 부대는 한양을 떠나기 전 종묘와 궁궐을 모두 불태웠고, 5월 7일 한양에 도착한 일본 부대는 바로 그 초토화된 궁궐의 모습을 보게 된 것이다. 바로 이러한 점에 비추어 일부 학자들은 왜군의 방화설을 주장한다.

물론 이 학설 역시 일본 측 기록의 신빙성, 시대순 등 여러 문제점 때문에 아직까지는 조선왕조실록에 나온 '백성에 의한 궁궐 방화설'이 정설로 여겨지고 있다. 하지만 그것이 누구의 소행이든 간에 불타버린 궁궐의 모습은 당시 무능했던 조선 조정의 모습을 그대로 보여주는 사건임에 틀림없다.

경복궁에 진입했을 때는 건물마다 문이 열려 있는데 지키는 자는 없었다. 하지만 화려하고 웅장한 전각들의 모습은 이루 말할 수 없을 정도로 아름다웠다.
  - 조선정벌기(1592년 5월3일)

북산 아래 경복궁이 있는데 돌을 깎아서 사방 벽을 둘렀다. 수많은 전각이 빽빽이 들어차 있는데 일부 전각은 유리 기와로 덮여 있었다. (중략) 과연 이곳이 용의 세계인지 신선의 세계인지 보통 사람의 눈으로는 분간할 수 없을 정도다.
  - 조선일기(1592년 5월4일)

궁전이 모두 초토화로 바뀌었으니 과연 이곳에 풀 한 포기라도 자랄 수 있을까?
  - 서정일기(1592년 5월7일)

극복하지 못한 역사, 병자호란
- 창경궁 양화당

인조반정 세력은 광해군의 중립 외교를 폐지하고 전형적인 친명 사대 외교로 선회했다. 후금 입장에서는 자신들과 최소한 적대적이지는 않았던 광해군이 왕위에서 쫓겨났다는 소식이 불편했고, 결국 광해군의 원수를 갚는다는 명분을 내세워 조선을 침공하기에 이른다. 물론 광해군에 대한 복수는 핑계였을 뿐 당시 후금의 최종 목적은 명나라였다. 자신들이 명나라를 공격할 때 혹시 모를 후방에서의 공격을 차단하기 위해 미리 조선을 침략한 것이다.

임진왜란으로 전국이 황폐해진 지 30여 년 만인 정묘년에 조선은 또다시 타국의 침략을 받고 말았다. 임진왜란도, 정묘호란도 모두 외교술의 부족이 낳은 결과였다. 선조처럼 인조 또한 피난길에 올랐고, 결국 '형제의 맹세'로 후금을 돌려보낼 수 있었다. 말은 맹세지만 사실상 항복과 다름없었다.

그러나 대가 없는 전쟁은 없다. 조선과 형제의 맹세를 한 승전국 후금은 그 후 과도한 공물 요구는 물론이고, 형제가 아닌 군신君臣의 관계로 수정할 것을 요구했다. 이 소식은 조선의 강경파들을 자극했고 그들은 더욱더 친명을 외쳤다. 그사이 후금은 국호를 청으로 바꾸고 대륙의 주인이 될 준비를 마쳤다. 이미 중원의 대세는 명이 아닌 청이었다. 하지만 눈치 없는 조선 조정은 오히려 청나라와의 전쟁을 선포하기에 이른다. 상

글에 이르기를, "조선 국왕은 지금 정묘년 모월 모일에 금국(金國)과 더불어 맹약을 한다. 우리 두 나라가 이미 화친을 결정하였으니 이후로는 서로 맹약을 준수하여 각각 자기 나라를 지키도록 하고 잡다한 일로 다투거나 도리에 어긋나는 일을 요구하지 않기로 한다. (중략) 천지 산천의 신명은 이 맹약을 살펴 들으소서." 하였다.
– 인조실록(1627)

금나라에 격문을 보냈다. 내용은 이러하다. "(중략) 지금 명나라는 곧 2백여 년간 중국을 통일해 다스려온 주인인데 우리나라가 어떻게 한 번 한쪽 땅을 잃었다 하여 문득 다른 마음을 품고서 귀국이 하는 바대로 따를 수 있겠습니까. (중략) 설사 우리나라가 의를 지키다가 병화를 입어 그 병화가 비록 참혹하더라도 원래 그 임금의 죄가 아니면 민심은 반드시 떠나지 않고 국명도 혹 보전할 수 있는 것입니다."
– 인조실록(1636)

조선의 국왕에게 보내는 국서는 다음과 같다. "지금 네가 서생(書生)의 말만 듣고 조약을 파기하고 전쟁의 발단을 시작해서, (내가) 만약 군대를 출동해 나라가 망하고 백성이 죽는다면, 이것은 내 탓이 아니라 실로 왕이 자초한 것이다. (이것을) 하늘과 사람도 모두 보아서 분명히 알 것이다."
– 청태종문황제실록(1636)

대가 되지 않는다는 것이 명확함에도 친명이라는 명분으로만 맞선 것이다.

1636년의 실록에서 그들은 청나라와의 전쟁이 발발해도 이는 임금의 죄가 아니며 백성들이 모두 이해해줄 것이라고 말하고 있다. 그리고 몇 개월 후 청나라는 대대적인 조선 침공에 나섰으니 이것이 병자호란이다. 정묘호란 이후 10년도 지나지 않은 시기였다. 당시 청나라는 포고문을 통해 자신들이 전쟁을 일으킨 것은 모두 조선의 임금 때문이라고 선언했다.

서인들은 왜란을 방관했음에도 역사의 단죄를 받지 않고 모두 자리를 지켰다. 그들은 끝까지 자신들의 정당성을 주장했고, 그 정당성에 힘을 실어준 명나라를 신봉했다. 그리고 명과 청 사이에서 실리적인 외교를 펼치고자 했던 광해군을 반정으로 쫓아냈다. 명분 없는 친명사상은 결국 병자호란이라는 또 다른 국난을 낳았다. 이렇듯 역사를 잊은 민족에게 미래는 없다는 말을 연상케 하는 예가 바로 병자호란이었다.

인조는 한겨울 남한산성으로 피난을 떠났고, 고립된 지 45일 만에 항복을 선언한다. 그는 죄인이 입는다는 면복을 입고 산성의 정문이 아닌 서문으로 나간 뒤 청나라 장수인 용골대를 따라 삼전도三田渡(지금의 잠실)로 갔다. 항복 의식을 치르기 위해서다. 청 태종과 수많은 군사들이 진을 치고 있었던 그 자리에서 조선의 왕은 옥새를 바쳤고, 무릎을 꿇은 채 세 번 절하고 아홉 번 머리를 조아리는 삼배구고두례三拜九叩頭禮를 행하였다.

1637년의 실록 내용처럼, 문관들에게 일부러 활쏘기를 시키는 청 태종의 모습에서 당시 조선 조정이 당한 치욕이 어느 정도였는지 상상이 된다. 심지어 옥새를 적국의 왕에게 바쳤으니 그 순간 국권은 청나라에 넘어간 셈이다.

항복 의례를 마치고 창경궁으로 들어가는 도중에 인조는 청나라 군대가 휩쓸고 간 도성의 모습을 보았다. 백성들의 절규도 들었다. 과연 인조는 속으로 어떤 생각을 했을까?

그러나 치욕은 여기서 끝나지 않았다. 다음 날 청 태종은 장수인 용골대를 창경궁 양화당으로 보냈다. 항복을 했으니 받은 옥새를 돌려주겠다는 것이었다. 그러나 그냥 돌려줄 리가 없었다. 청나라는 조선에 요구할 목록을 작성해 인조에게 전했다. 명나라와의 국교를 단절하고, 청나라와 군신 관계를 맺을 것, 세자와 왕자 및 대신의 자제를 심양에 인질로 보낼 것, 청나라가 명나라를 정벌할 때 원병을 파병할 것 등의 내용이 담긴 이 조약이 이른바 '정축화약丁丑和約'이다.

45일 만에 환궁한 인조가 첫 밤을 보낸 곳이 바로 창경궁 양화당이다. 외적에게 옥새를 빼앗기고 땅에 머리를 박는 항복 의식을 행한 조선의 왕은 인조가 유일했다. 하지만 인조와 집권 세력들은 반성하지 않았다. 오히려 청나라에 대한 적개심만을 서로 부추겼다. 이런 어처구니없는 행동은 50만 명이 넘는 백성들이 포로로 끌려가는 비극을 만들고 말았다.

상이 남색 면복 차림으로 남한산성의 서문을 통해 나갔는데, 왕세자가 따랐다. (중략) 청 태종이 말하기를, "지난날의 일을 말하려 하면 길다. 이제 용단을 내려 왔으니 매우 다행스럽고 기쁘다." 하자, 상이 대답하기를, "천은(天恩)이 망극합니다." 하였다. (중략) 임금이 청 태종에게 세 번 절하고 아홉 번 머리를 조아리는 예를 행하였다. 태종이 이르기를, "이제는 두 나라가 한 집안이 되었다. 활 쏘는 솜씨를 보고 싶으니 각기 재주를 다하도록 하라." 하니, 신들이 대답하기를, "이곳에 온 자들은 모두 문관이기 때문에 잘 쏘지 못합니다." 하였다. 용골대가 억지로 쏘게 하자 모두 맞지 않았다. 청나라 왕자 및 장수들이 떠들썩하게 어울려 쏘면서 놀았다. 이후 도승지 이경직으로 하여금 대보를 받들어 올리게 하니, 용골대가 받아서 갔다.
– 인조실록(1637)

임금이 하직을 청하고 배를 타고 한강을 건넜다. 거리의 사로잡힌 자녀들이 바라보고 울부짖으며 모두 말하기를, "우리 임금이시여, 우리 임금이시여. 우리를 버리고 가십니까?" 하였는데, 길을 끼고 울며 부르짖는 자가 만 명을 헤아렸다. 늦은 밤이 되어서야 비로소 일행이 서울에 도달하여 창경궁 양화당으로 드시었다.
– 인조실록(1637)

인조가 남한산성에서 환궁한 후 지냈던 창경궁 양화당

조선의 또 다른 희망, 소현세자
– 창경궁 환경전

정축화약의 내용 중에는 '세자와 왕자를 인질로 보낼 것'이란 항목이 있다. 곧 명나라를 공격해야 할 청나라 입장에서는 혹시 조선이 배신해 후방을 공격한다면 난처할 수 있다는 판단 하에 조선 왕의 아들들을 포로로 데려간 것이다. 인조는 창릉 (지금의 경기도 고양시)까지 가서 아들들을 배웅했다고 한다.

1637년의 실록을 보면 떠나는 세자와 보내는 왕의 대화가 참 애잔하다. 세자 일행은 힘든 여정 끝에 청나라의 수도 심양에 도착했지만 일행에 대한 청나라의 대우는 형편없었다. 심지어 스스로 생계를 꾸려야 하는 지경에 이르렀다.

세자 내외는 조선에서 끌려온 포로들과 함께 땅을 경작하고 농사를 짓기 시작했다. 척박한 땅이었지만 일찌감치 농사에 익숙했던 이들은 많은 수확을 거두게 되고, 점차 경제적 자립까지 가능하게 되었다. 농사를 통해 얻은 돈으로 세자는 청나라의 고위 관료들과 관계를 맺으며 보이지 않는 외교 활동을 펼쳐나갔다.

이즈음 청나라가 명나라를 멸망시키고 북경 일대를 차지하자 세자 일행도 심양을 떠나 북경으로 이동한다. 당시 북경은 국제적인 도시였다. 많은 서양인들과 서양 문명을 보게 된 세자는 어느 날 선교사 아담 샬(Adam Schall) 신부를 만난다. 성리학이 세상의 전부였다고 믿었던 세자에게 천주교와 서양 과

구왕(청 태종의 아들)이 세자와 빈궁, 봉림대군과 부인을 서쪽으로 데리고 갔다. 상이 창릉(경기도 고양시)에 거동하여 전송하였다. 구왕이 말하기를, "멀리 오셔서 서로 전송하니 실로 감사합니다." 하니, 상이 말하기를, "가르치지 못한 자식이 지금 따라가니, 대왕께서 가르쳐 주시기를 바랍니다. 자식들이 깊은 궁궐에서만 생장하여, (중략) 부디 가는 동안에 온돌방에서 잠을 잘 수 있게 하면 다행이겠습니다." 하자, 구왕이 말하기를, "(중략) 세자가 간다 하더라도 틀림없이 머지않아 돌아올 것이니, 행여 너무 염려하지 마십시오.(중략)" 세자와 대군이 절하며 하직하고 떠나자, 상이 눈물을 흘리며 전송하기를, "힘쓰도록 하라. 지나치게 화를 내지도 말고 가볍게 보이지도 말라." 하니, 세자가 엎드려 분부를 받았다.
– 인조실록(1637)

학은 새로운 세상 그 자체였다.

하지만 이런 세자의 활동에 부왕인 인조는 불편함을 느꼈다. 차기 왕이 될 세자가 오랑캐는 물론이고 서양인과도 친하게 지내니, 청에 대한 복수심에 사로잡혔던 인조에게는 용서할 수 없는 행동이었던 것이다.

시간이 흘러 세자는 귀국을 했지만 그를 바라보는 인조의 얼굴에는 의심만이 가득했다. 특히 인조의 화를 북돋운 것은 세자가 선물로 가져온 천주교 관련 용품이었다. 평등한 세상을 주장하는 천주교의 교리는 왕조 자체를 부정하는 것으로 인식되었고, 아들에 대한 인조의 의심은 날로 커졌다.

그러던 어느 날, 세자는 당시 동궁이었던 창경궁 환경당에서 돌연 사망한다. 귀국한 지 2달 만의 일이다. 1645년 인조실록에서 보여지듯 당시 세자의 죽음은 많은 의문을 남겼다.

만약 천주교의 평등 사상을 배웠고 서양 문물을 접한 세자가 다음 왕이 되었다면 과연 조선은 어떤 역사를 맞이했을까? 환경전을 바라보고 있으니 그의 갑작스러운 죽음이 더 안타까워진다.

남편을 뒤따른 억울한 죽음 - 창경궁 선인문

세자의 비극은 여기서 끝나지 않았다. 장자 승계 방식을 따랐던 조선의 법에 따라 옥새는 당연히 세자의 아들, 즉 원손에게

왕세자가 창경궁 환경당에서 죽었다. 전일 세자가 심양에 있을 때 포로로 잡혀간 조선 사람들을 모집하여 척박한 땅을 경작해서 곡식을 쌓아 두고는 그것으로 진기한 물품과 무역을 하느라 숙소의 문이 마치 시장 같았으므로, 주상이 그 사실을 듣고 불평스럽게 여겼다. 세자는 본국에 돌아온 지 얼마 안 되어 병을 얻었고 병이 난 지 수일 만에 죽었는데, 온몸이 전부 검은 빛이었고 이목구비의 일곱 구멍에서는 모두 피가 흘러나오므로, 검은 헝겊으로 그 얼굴 반쪽만 덮어 놓았으나, 곁에 있는 사람도 그 얼굴빛을 분변할 수 없어서 마치 약물에 중독되어 죽은 사람과 같았다. 이는 당시 종친인 진원군이 세자의 염습(시신의 몸을 씻긴 후 옷을 입히는 예)에 참여했다가 그 이상한 것을 보고 나와서 사람들에게 말한 것이다.

– 인조실록(1645)

소현세자가 생을 마감한 창경궁 환경당(현재는 환경전으로 이름이 바뀌었다)

세자빈 강씨의 가마가 나간 창경궁 선인문

상이 여러 신하들에게 이르기를, "나에게 오래 묵은 병이 있어 이 따금 심해지고 원손은 저렇듯 미 약하니, 내가 오늘날의 형세를 보건대 원손이 성장하기를 기다 릴 수가 없다. 나의 질병만 이와 같을 뿐 아니라, 국사가 날로 어 렵고 위태로운 데로 내리닥치니, 만일 내가 죽고 나면 어린 임금 으로서는 임금 자리를 담당할 수 없을 듯하다. 그래서 봉림대군을 세자로 삼노라." 하였다.

— 인조실록(1645)

궁인 난옥 등을 하옥하고 국문하 게 하였는데, 상이 전복 구이를 드시다가 독이 있자, 세자빈 강 씨를 의심하여 그 궁인을 하옥시 켜 심문한 것이다.

— 인조실록(1646)

가야 한다. 그러나 이런 전례를 깨고 인조는 자신의 둘째 아들 인 봉림대군을 세자로 책봉했다. 봉림대군은 형인 소현세자와 함께 볼모로 끌려갔던 인물로 형과 달리 반청 감정이 매우 심 했다. 어쩌면 부왕인 인조와 비슷한 성향이었을지도 모른다.

원손을 저버린 시아버지 인조의 모습을 보며 세자빈 강씨의 마음은 어떠했을까? 당시 세자빈의 유일한 걱정은 아들의 안 위였다. 광해군에 의해 죽은 영창대군, 세조에 의해 죽은 단종, 이방원에 의해 죽은 이방석까지 거슬러 올라가는 역사가 말해 주듯 누구도 원손의 운명을 장담할 수 없는 상황이었다.

불행히도 세자빈 강씨의 걱정은 이내 현실이 되고 만다. 어 느 날 인조는 자신의 수라에서 독이 발견되었다며 관련 궁인 들을 문초하기 시작했고, 결국 세자빈 강씨의 사주에 의해 독 을 탔다는 자백을 받게 된다. 누가 봐도 억울한 누명이었다.

이 일로 인조는 세자빈을 폐위시키고 궁 밖으로 쫓아내 사약을 내린다. 일국의 세자빈에서 하루아침에 역모 죄인이 된 그녀는 검은색 가마에 실려 창경궁의 샛문인 선인문을 통해 궐 밖으로 내쳐졌다. 하지만 당시 궁내외 모든 이들은 그녀의 억울함을 알고 있었다. 1646년 인조실록의 "안팎의 민심이 수긍하지 않았다."라는 한마디가 이 모든 것을 말해준다.

세자빈 강씨는 사약을 받은 뒤 죽었고, 그녀의 세 아들 역시 유배지에서 병사하는 등 의문을 죽음을 맞았다.

🦌 선인문을 이용했던 사람들

창경궁에는 성균관으로 통하는 북쪽의 집춘문, 경모궁(사도세자의 사당으로 지금의 서울대학교 병원)으로 통하는 월근문, 정문인 홍화문 그리고 남쪽의 선인문이 있다. 이 중 선인문은 안쪽에 창경궁의 궐내각사가 위치해 있어 주로 관원들이 이용했던 문이다. 이곳 궐내각사에는 군사 관련 관청이었던 오위도총부, 가마와 말을 관리하던 교자방, 활자를 주조하는 주자소, 천문을 관측하는 관천대, 자격루를 관리하는 금루각 등 많은 관청들이 있었다. 하지만 일제 강점기에 동물원이 들어서면서 대부분의 전각들이 사라졌다. 다만 출입문이었던 선인문만은 훼철되지 않고 지금까지 그 원형이 남아 있다.

동궐도에 그려진 선인문 안쪽의 궐내각사

의금부 도사가 덮개가 있는 검은 가마로 강씨를 싣고 창경궁 선인문을 통해 나가니, 길 곁에서 바라보는 이들이 담장처럼 둘러섰고 모두가 한탄하였다. 강씨는 성격이 거셌는데, 끝내 불순한 행실로 임금의 뜻을 거슬러 오다가 드디어 사사되기에 이르렀다. 그러나 그 죄악이 아직 밝게 드러나지 않았는데 단지 추측만을 가지고서 법을 집행하였기 때문에 안팎의 민심이 수긍하지 않았다.
– 인조실록(1646)

17
효종
―
이름뿐인 북벌론

효종의 북벌론 - 창덕궁 희정당

큰아들 집안을 쑥대밭으로 만든 인조는 3년 후인 1649년 창덕궁 대조전에서 승하했다. 옥새는 예정대로 둘째 아들인 봉림대군에게 돌아갔으니 그가 조선 17대 임금 효종이다.

형이었던 소현세자와 달리 청나라에 대한 반감이 많았던 그는 예상대로 친청파인 김자점 등을 제거하고 친명파인 김집, 송시열 등을 등용해 북벌北伐을 준비했다. 즉위 이후에는 군비 확충과 성곽 정비는 물론이고 심지어 화포를 잘 다루는 외국인까지 귀화시켜 국방력을 강화해 나갔다. 우리가 잘 아는《하멜표류기》를 쓴 네덜란드의 하멜(Hendrik Hamel) 일행도 이 시기 제주도에 표류했는데, 효종은 이들을 한양으로 압송해 용병으로 고용하기까지 했다.

사실 효종의 북벌 계획에는 왕권 강화라는 정치적 목적도 내포되어 있었다. 비록 아버지로부터 옥새를 받았지만 그 옥새는 원래 조카인 원손(소현세자의 장남)에게 가야 할 것이었다. 왕조에서 정통성은 목숨과도 같다. 게다가 당시 많은 사람들은 소현세자와 세자빈 강씨의 억울한 죽음에 연민의 정을 느끼고 있었고, 이는 왕권을 약화시키는 요인으로 작용했다.

그래서였는지는 몰라도 효종은 유독 형수, 즉 세자빈 강씨의 죽음에 대해 민감한 반응을 보였다. 심지어 강씨에 대해 역강逆姜이란 표현을 쓰기도 했는데, 여기서 역逆은 역적이란 뜻이다. 1651년 실록은 당시 조정의 분위기를 잘 드러내고 있다.

제주 목사가 보고하기를, "배 한 척이 고을 남쪽에서 깨져 해안에 닿았기에 대정 현감이 군사를 거느리고 가서 보게 하였더니, 어느 나라 사람인지 모르겠으나 배가 바다 가운데에서 뒤집혀 살아남은 자는 38인이며 말이 통하지 않고 문자도 다릅니다. 파란 눈에 코가 높고 노란 머리에 수염이 짧았는데, 혹 구레나룻은 깎고 콧수염을 남긴 자도 있었습니다." 하였다. 이에 조정에서 서울로 올려보내라고 명하였다. 전에 온 외국인 박연(네덜란드인)이라는 자가 보고 '과연 외국인이다.' 하였으므로 드디어 호위군대에 편입하였는데, 대개 그 사람들은 화포를 잘 다루기 때문이었다.
– **효종실록(1653)**

"감히 역강(逆姜)을 빈궁이라 불렀으니, 나의 마음을 시험해 보려는 속셈이 그 속에 있는 것이 아닌가. 감옥에 가두어 모욕을 주고 싶지는 않으나 또한 다 용서하여 국법을 무너뜨릴 수 없으니, 조익을 삭탈 관작하여 문외 출송하라."
– **효종실록(1651)**

이런 불안한 정국 속에서도 효종은 북벌을 강조하며 척화파斥和派에게 힘을 실어주었고, 이는 자신의 정치적 기반이 되어 왕권 강화로 이어졌다. 하지만 효종 스스로도 북벌론이 얼마나 허무맹랑한 이야기인지는 잘 알고 있었을 것이다.

당시 청나라는 최고의 전성기를 이루고 있었고, 정축화약 이후 주기적으로 사신을 보내 조선의 군사력을 감시하고 있었다. 무엇보다도 왜란과 호란으로 민생이 도탄에 빠진 상황에서 전쟁은 결코 민심을 얻을 수 없는 수단이었다. 청에 대한 개인적인 복수심은 있었으나 현실적으로는 불가능한 상황에서 오히려 북벌이란 명분을 이용해 왕권을 강화하고자 했던 의도가 더 크지 않았나 추측해 본다.

이는 1658년 실록에 기록된 효종이 청 사신을 대하는 행동에서도 그대로 드러난다. 효종이 청나라 사신을 접견하는 자리에서 사신은 나선羅禪을 정벌하려 하니 군대를 파병해 달라는 요청을 한다. 나선은 러시아를 한자로 음역한 것으로, 당시 러시아 왕실은 모피 사업으로 많은 돈을 벌었고 그 과정에서 계속 동쪽의 시베리아로 사냥터를 넓혀 갔다. 러시아의 동방 정책에 부담을 느낀 청나라는 오랑캐를 이용해 오랑캐를 무찌른다는 이이제이以夷制夷의 전략으로 조선에 파병을 요청한 것이다. 더욱이 인조가 청나라와 맺은 정축화약에는 청나라의 파병 요청이 있을 시 조선은 이에 반드시 응해야 한다는 조항이 있었다.

효종이 청나라 사신을 만난 자리가 바로 창덕궁의 보조 편전

청 사신이 칙서를 가지고 나왔는데, 상이 서대문에 나아가서 맞이하고 창덕궁 희정당에서 접견하였다. 사신이 말하기를, "대국이 군병을 동원하여 나선(羅禪, 러시아)을 토벌하려는데, 군량이 매우 부족합니다. 본국에서도 군병을 도와주어야 하지 않겠습니까. 본국에서 다섯 달 치의 군량을 보내 주시오." 하니 상이 이르기를, "먼 지역에 군량을 운송하자면 형세상 매우 어렵기는 하겠으나, 어찌 요구에 응하지 않을 수 있겠소." 하였다.
– 효종실록(1658)

효종이 청 사신을 접견하면서 군대 파견을 약속한 창덕궁 희정당

인 희정당이다. 이곳에서 효종은 청나라를 정벌하기 위해 길렀
던 군사력으로 청나라를 도와주는 아이러니를 낳고 말았다.

조선 왕실 의료사고의 현장 – 창덕궁 대조전

효종은 즉위 후 10년간 꾸준히 국방력 강화에 힘썼고, 그 덕에
겨우 왕권의 안정을 유지할 수 있었다. 하지만 재위 10년째인
1649년, 고질병인 당뇨에 악성 종기로 인해 건강이 극도로 악

조선 왕실 의료사고의 현장이었던 창덕궁 대조전

약방이 들어와서 진찰하였는데,
종기의 독이 얼굴에 두루 퍼져
눈을 뜰 수가 없었다.
– 효종실록 (1659년 4월 28일)

상의 종기 증후가 점점 위독하여
지자 약방제조가 말하기를, "시
약청을 설치하지 않을 수 없다."
하자 도제조가 말하기를, "지금
시약청을 설치하자고 청하면 상
의 마음이 반드시 놀라게 될 것
이고 뭇사람들도 의혹스럽게 여
길 것이니, 경솔히 의논해서는
안 된다." 하였다. 때문에 외정
(外廷)의 신하들은 모두 상의 증
후의 경중이 어떠한지를 알 수가
없었다.
– 효종실록 (1659년 4월 30일)

화된다.

종기는 조선의 국왕들이 가졌던 고질병 중 하나였다. 최고의 내의원들이 있는 궁궐이지만 조선시대의 의술에는 한계가 있었을 것이고, 위생적인 면에서도 완벽하기는 힘들었을 것이다. 특히 한여름에도 곤룡포를 입어야 하는 임금의 옥체에 종기가 생기는 일은 다반사였다. 효종 역시 종기로 인해 많은 고통을 당하는데 말년에는 눈마저 쉽게 뜰 수 없는 지경에 이르렀다고 한다.

효종의 종기가 심해지자 약방 의원들 사이에서는 시약청을 설치하자는 의견이 나오기 시작했다. 시약청은 오늘날로 비유하자면 응급 중환자실 정도가 된다. 왕조 국가에서 임금의 건강은 국가 기밀에 해당하는 중대한 사안이었기 때문에 시약청이 설치되면 정치적인 동요가 불가피했다. 그러다 보니 신하들은 정무적 판단을 할 수밖에 없었다.

그러나 효종의 건강은 날로 악화되었고 급기야 칼로 환부를 도려내는 시술까지 하게 된다. 마취제 하나 없이 머리(귀 근처로 추정)에 난 큰 종기를 짼다는 것은 무척 고통스러운 일이었을 것이다. 당사자인 효종도 효종이지만 왕의 환부에 칼을 대는 의관들도 목숨을 걸고 시술을 해야 했다. 그렇게 시술을 하고 며칠 뒤인 5월 4일, 효종은 결국 갑작스런 과다 출혈로 승하한다.

효종의 승하 당일, 실록을 보면 의관들이 서로 다른 처방을 주장하는 상황이 벌어진다. '피가 솟아 나왔다'라는 표현 하나만으로도 당시 상황이 얼마나 급박했는지 알 수 있다. 결국 이 일로 침을 놓은 의관 신가귀는 교수형에 처해졌다.

실록에는 또 한 가지 흥미로운 기록이 있다. 효종이 승하하기 2달 전에 한 노인이 창덕궁의 정문인 돈화문에 엎드려 오는 5월에 나라에 큰 변이 일어날 것이라며 이를 막기 위해서는 경복궁의 옛터에 초가를 짓고 굿을 하라고 한 것이다. 당시 사람들은 실성한 사람이라 생각했는데, 그의 예언은 실제로 이루어지고 말았다.

상이 하명하길, "종기의 증후가 날로 심해가는 것이 이와 같은데도 의원들은 그저 심상한 처방만 일삼고 있는데 경들은 심상하게 여기지 말라." 하였다.
– 효종실록(1659년 5월 1일)

상이 침을 맞는 것의 여부를 신가귀에게 하문하니 대답하기를, "종기의 독이 얼굴로 흘러내리면서 농증을 이루려 하고 있으니 반드시 침을 놓아 나쁜 피를 뽑아내야 합니다" 하고, 유후성은 경솔하게 침을 놓아서는 안 된다고 하였다. (중략) 상이 신가귀에게 침을 잡으라고 명하고, 침을 맞은 후 "가귀가 아니었더라면 병이 위태로울 뻔하였다." 하였다. 하지만 이후에도 피가 계속 그치지 않고 솟아 나왔는데 (중략) 빨리 피를 멈추게 하는 약을 바르게 하였는데도 피가 그치지 않았고 (중략) 상이 대조전에서 승하하였다.
– 효종실록(1659년 5월 4일)

어떤 노인 하나가 창덕궁 돈화문 밖에 와서 엎드려 말하기를, "금년 5월 국가에 재화가 있게 될 것이니, 경복궁의 옛터에 초가를 짓고 즉시 이어(移御)하여 굿을 하소서." 했는데, 이를 들은 사람들은 모두들 요망한 것이라고 하였다.
– 효종실록(1659년 3월)

18
현종
—

신권과 왕권을
중재한 왕

예송논쟁의 현장 – 경희궁 흥정당

1659년 효종이 승하하고 세자가 옥새를 받으니 그가 조선 18대 현종이다. 현종은 조선 왕조에서 유일하게 외국에서 태어난 왕이기도 하다. 아버지인 효종(봉림대군)이 청나라 심양에서 포로 생활을 했을 때 태어났기 때문이다. 큰아버지 소현세자가 죽고 아버지가 세자가 되면서 세손으로 책봉된 뒤 왕으로 등극하게 되었다.

아버지 효종은 재위 기간이었던 10년 내내 왕위 정통성 논란에서 자유롭지 못했다. 이는 현종 대에 들어서도 마찬가지였다. 소현세자도, 효종도 모두 죽었지만 그들을 추종하는 이들이 존재하는 한 논란은 늘 있기 마련이다. 효종이 승하하자 효종의 계모인 자의대비(인조비)가 얼마 동안 상복을 입어야 하는지에 대해 논쟁이 일기 시작했다. 이것을 예절 예禮, 다툴 송訟, 즉 예법에 대해 서로 다툰다는 뜻의 예송논쟁이라 부른다.

여기서 잠시 조선 왕조의 정치 계보를 살펴볼 필요가 있다. 1392년 조선의 개국을 주도한 이들은 약 100여 년간 주축 세력으로 성장했다. 이들을 훈구파라 부른다. 그러다 성종 대에 그들의 부정부패가 심각해지면서 새로운 세력인 선비들, 즉 사림파가 대거 등용되면서 훈구파와 사림파의 대결 구도로 정치판이 짜인다. 그 뒤 임진왜란 즈음 훈구파는 소멸하고 사림파가 동인과 서인으로 분파되어 흔히 말하는 붕당 정치가 시작되었다. 여기서 동인은 다시 북인과 남인으로 갈라졌는데,

왕은 효종대왕의 맏아들이고 인조대왕의 손자인데 1641년 심양에서 탄생하였다. 1644년에 비로소 본국으로 돌아왔고, 을유년에 소현세자가 죽어 효종이 차적자로서 왕세자에 책봉되자 왕 역시 원손 칭호가 올려졌으며, 기축년에 왕세손 책봉례를 거행하였다. 기해년 5월에 이르러 효종이 승하하고 왕이 뒤를 이었다.

– 현종실록(1674)

상이 경덕궁(경희궁)으로 거처를 옮겼다. 처음에 예조가 거처를 옮길 때의 취할 절차를 정할 때, 위아래의 복색(服色) 그리고 대왕대비, 왕대비의 가마,복색 등에 관하여 여러 대신 및 송시열, 송준길 등에게 문의할 것을 청하였다. 여러 대신들이 아뢰기를, "혼전(魂殿) 행례 때면 반드시 상복을 입었으니, 이번 옮겨 모실 때의 수레나 복색도 특별히 다를 게 없을 것 같고, 대왕대비는 현재 기복(朞服, 1년간 입는 상복) 중에 계시므로 3년상과는 구별이 있으니, 가마와 기타 관련 물건에 검정색을 써야 옳을 것입니다." 하였다.

– 현종실록(1659)

광해군의 몰락으로 북인은 사라졌고 효종과 현종 시대에는 남인과 서인이 대결 구도를 이루고 있었다.

서인은 임진왜란 때부터 분파되지 않고 내려왔다. 그만큼 보수적인 색채가 강한 세력이었다. 특히 인조반정으로 왕을 몰아낸 이력이 있는 서인들은 왕권보다는 사대부의 권한을 강화하는 데 주력했다. 그에 반해 남인은 세력도 약했거니와 서인의 대척점에 서서 왕권 강화를 주장하는 편이었다. 바로 이 서인과 남인이 효종의 죽음 이후 예송논쟁으로 크게 맞붙은 것이다.

아버지 효종을 왕릉(영릉)에 모신 현종은 거처를 창덕궁에서 경희궁으로 옮겼다. 경희궁은 현종이 세손과 세자 시절을 보냈던 궁궐이기도 하다. 왕이 궁궐을 옮긴다는 것은 천 명이 넘는 궁인들도 함께 옮겨가는 대규모 집단 이동에 가까운 일이었다. 이때도 대신들은 왕실 가족들이 입는 옷이나 타는 가마의 색을 정하는 회의를 했다. 지금의 관점에서는 도통 이해하기 힘든 일이다. 이사 복장까지 국정회의에서 논의한다니 말이다.

1659년 실록에서 대왕대비가 1년간 상복을 입는 중이라는 뜻의 '기복朞服'이란 단어가 나온다. 바로 이 상복을 입는 기간이 예송논쟁의 시작이었다. 보통 사대부 집안에서는 아들이 어머니보다 먼저 죽을 경우 어머니는 장남이면 3년간, 차남부터는 1년간 상복을 입었다. 문제는 현종의 아버지인 효종이 인조의 둘째 아들(봉림대군)이라는 점이었다. 효종이 승하할 당시

계모인 자의대비는 1년간 상복을 입었다. 여기서 왕권을 중시하는 남인인 허목은 상소를 올려 비록 효종이 차남이지만 인조에게 옥새를 받았기 때문에 당연히 장남이 죽은 것이므로 자의대비는 3년간 상복을 입어야 한다는 주장을 했다. 그러자 서인은 효종이 명백히 둘째이니 당연히 대비는 1년간 상복을 입는 것이 맞다며 송준길의 상소를 통해 자신들의 주장을 펼쳤다.

상복을 입는 기간을 두고 남인과 서인의 다툼은 계속됐다. 이는 당시 나라를 운영하는 통치 철학과 관계가 있는 중요한 논쟁이었다. 허목 등의 남인은 왕실은 사대부와 다르며, 그러니 효종이 둘째라 해도 임금이었기 때문에 3년복을 입어야 한다고 주장한 것이고, 반면 사대부의 예에 맞추려는 서인은 왕권보다는 신권을 강화하려는 내심이 있었던 것이다.

• 예송논쟁 구도 •

예송논쟁의 현장이었던 경희궁 흥정당

서울역사박물관 주차장으로 변한 흥정당 터

이 논쟁에서 중요한 것은 현종의 태도였다. 그는 가능한 많은 목소리를 들으며 객관적이고 중립적으로 이 논쟁을 해결하려 했다.

보통은 이런 격한 논쟁의 끝은 숙청이다. 상대방을 공격해 귀양을 보내거나 심할 때는 사형까지 행해지는 경우가 많다. 그러나 현종은 그러지 않았다. 별다른 숙청 없이 현명하게 중재하려 노력한 것이다.

예송에 관한 치열한 논쟁을 벌였던 곳이 바로 경희궁의 편전 흥정당이다. 불행히도 흥정당은 일제 강점기에 경희궁에 일본인 학교가 들어서면서 학교 건물로 사용되다가 불교 사원의 건물로 팔려나갔고, 지금은 그 흔적을 찾을 수 없게 되었다.

흥정당에서 펼쳐진 예송논쟁 중에 상대방을 헐뜯고 막말을 하는 대신들은 없었다. 그들은 서로의 의견을 존중하면서 논리를 펼쳤다. 그 가운데 현종이 있었다. 그는 붕당으로 대립한 정치 세력 사이에서 중심을 잘 지켰고 평화적인 중재로 일을 잘 마무리지었다.

그러나 현종은 조선 왕조에서 가장 주목받지 못하는 임금 중 한 명이다. 그를 주인공으로 하거나 그 시대를 배경으로 한 사극도 거의 없다. 비록 터마저 남아 있지 않은 흥정당이지만 이곳에 서면 밤새 예송논쟁을 중재했던 현종의 모습이 어렴풋이 그려진다.

🏯 서궐도안의 흥정당

조선 후기 경희궁의 모습을 묘사한 〈서궐도(西闕圖)〉는 궁궐 연구에 매우 중요한 자료로 평가받는다(보물 제1534호). 서궐도의 정식 명칭은 〈서궐도안(西闕圖案)〉이다. 〈동궐도〉처럼 채색까지 된 완성본이 아닌 밑그림, 즉 도안이다.

서궐도안에 묘사된 흥정당은 전형적인 편전의 모습이다. 창덕궁의 보조 편전인 희정당처럼 앞마당이 있어 소규모 행사가 가능했고, 건물 구조는 온돌이 없는 편전인 자정전에 비해 양쪽으로는 온돌방이 갖춰져 있다. 흥정당의 뒤쪽으로는 회상전 등의 내전이, 앞쪽으로는 빈청 등 궐내각사 영역이 있다.

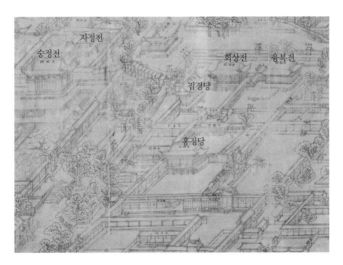

서궐도안에는 정전인 숭정전, 편전인 자정전 그리고 보조 편전인 집경당과 흥정당의 모습이 그려져 있다. 뒤쪽으로는 내전인 회상전과 융복전도 보인다.

19
숙종

신하들의 정쟁을
왕권 강화의
수단으로 삼다

경복궁 터를 바라보는 숙종의 개탄

현종의 뒤를 이어 1674년 세자가 창덕궁 인정전에서 즉위한다. 바로 조선 19대 임금 숙종이다.

어느덧 임진왜란이 끝나고 100여 년의 시간이 흘렀다. 조선 후기 임금들의 공통된 소망이 있다면 그건 아마도 폐허로 방치된 경복궁의 중건重建이었을 것이다. 그러나 천문학적인 자금이 들어가는 법궁의 중건은 결코 쉬운 일이 아니었다. 숙종 역시 경복궁에 대해 많은 아쉬움을 토로했고, 그래서인지 자주 경복궁 터를 방문했다고 한다. 1680년 실록에서 사라진 경복궁에 대한 숙종의 안타까움을 느낄 수 있다.

숙종의 환국 정치 - 창경궁 통명전, 취선당

숙종의 부왕인 현종이 신하들의 정쟁에서 중재 역할을 할 정도로 차분한 성격의 소유자였다면, 아들인 숙종은 성격이 급하고 화도 잘 내는 다혈질이었다. 스스로 화병이 있다고 할 정도였는데, 재위 40여 년간 일어난 수많은 사건의 원인도 어쩌면 그의 화병에서 비롯된 것인지도 모른다.

숙종은 신하들의 정쟁을 극단적으로 몰아부쳐 자신의 왕권을 강화하는 수단으로 삼았다. 환국換局이 그 예다. 환국이란 바꿀 환換 정세 국局, 즉 정세를 하루아침에 바꾼다는 뜻이다. 만

임금이 옛 경복궁의 사정전 터를 둘러보고 김수항 등과 경복궁에 대해 논하였다. "선왕의 법궁이 황폐하여 이 지경이 되었으니, 개탄스러울 뿐이로다." 하니, 김수항이 아뢰기를, "선대왕들께서 경복궁을 창건하여 후대에 물려주었는데, 임진왜란을 겪은 이래로 이곳 경복궁이 황폐하여진 지가 지금 1백 년이 되어서야 비로소 친림하시니, 전하께서는 의당 감개스러운 마음이 간절하실 것입니다. 그러나 어찌 경복궁만이 그러하겠습니까? 옛 선대왕들의 훌륭한 법과 아름다운 정치가 또한 모두 폐지되거나 허물어져서 시행되지 아니하니, 이것 역시 성상께서 더욱 경계하셔야 할 것이옵니다." 하였다.

— 숙종실록(1680)

임금이 기침의 징후가 있어서 약방에서 문안하니 하교하기를, "나의 화증(火症)이 뿌리내린 지 이미 오래고 나이도 쇠해가 날로 더욱 깊은 고질이 되어간다. 그 조짐이 좋지 못하니 실로 두려운 근심이 있다." 하였다.

— 숙종실록(1704)

약 서인 세력이 커지면 어떤 사건을 빌미로 서인 세력을 숙청
하고 남인 세력의 손을 들어준다. 그러면 남인들은 왕에게 충
성을 다할 것이고, 역으로 남인 세력이 비대해지면 다시 서인
세력의 손을 들어주는 방식으로 일시에 집권 세력을 바꾸며
왕권을 강화해갔던 것이다.

숙종은 중전과 후궁들의 문제까지도 환국 정치로 해결했다.
숙종의 정비正妃는 서인 가문의 인현왕후였으나 그녀에게는 자
식이 없었다. 그런 와중에 궁인이었던 장옥정이 승은을 입고
후궁이 되는데, 장씨는 유명한 역관 집안 출신으로 남인 세력
을 통해 궁에 들어온 인물이다. 출중한 외모와 주변 정치 세력
의 도움으로 장옥정은 후궁으로서 품계를 높여갔다.

후궁의 품계는 숙원, 소원, 숙용, 소용, 숙의, 소의, 귀인, 빈
순서로 올라가는데, 장씨는 2년 만에 숙원에서 소의가 되었다.
게다가 손이 귀한 왕실에서 아들까지 순산했으니 말 그대로
승승장구였다. 그녀는 3년 만에 후궁이 오를 수 있는 최고의
지위인 빈嬪의 반열까지 올랐다.

반면에 서인 가문 출신인 인현왕후에게는 아들이 없었다. 이
는 서인에게 밀리고 있었던 남인들에게 좋은 기회였고, 그들
은 자연스럽게 희빈 장씨 세력과 결탁해 세를 키워나갔다. 물
론 이 같은 남인 세력의 확장을 숙종이 모를 리 없었다. 숙종은
의도적으로 장희빈과 남인의 세력을 키우면서 서인을 견제했
다.

심지어 숙종은 서인의 반대에도 불구하고 태어난 지 100일

도 안 된 장씨의 아들을 원자(훗날 경종)로 책봉하기에 이른다. 젊은 중전이 있는 상황 속에서 후궁의 소생을 원자로 삼는다는 것은 중전과 서인 세력에게는 치명적인 사건이었다.

세자 책봉 뒤에도 서인들은 끊임없이 반대 상소를 올렸으나 오히려 숙종은 남인들의 손을 들어주며 서인은 물론이고 서인 가문 출신의 중전마저 여러 핑계를 들어 쫓아내버린다. 인현 왕후는 성품이 온화하고 많은 이들에게 존경을 받는 인물이었으나 숙종은 개의치 않았다. 그렇게 해서 비어 있는 중궁전의 자리는 희빈 장씨에게 돌아갔다. 동시에 조정은 모두 남인들로 채워졌다. 하루아침에 정국이 바뀐 것이다. 이를 1689년 기사년에 일어났다 해서 '기사환국己巳換局'이라 한다.

그런데 장씨가 중전이 된 후 조정은 하루도 조용한 날이 없었다. 포악한 성격과 질투심 그리고 권력욕으로 모든 사건의 중심에는 늘 중전 장씨가 있었다. 그러는 사이 숙종에게 새로운 후궁이 생겼는데, 드라마 '동이'(2010)의 주인공이기도 한 숙빈 최씨다. 무수리 출신이라고 알려진 그녀는 어느 날 숙종의 승은을 입고 후궁이 되었고 왕자까지 낳았다. 이 왕자가 훗날 21대 임금인 영조다.

숙종에게 새로운 후궁이 생겼으니 중전 장씨와 남인 세력은 긴장할 수밖에 없었다. 그들은 숙종이 언제든 마음에 안 들면 중전을 내치고 정치판을 바꿀 수 있다는 사실을 잘 알고 있었다. 반면에 기사환국으로 기가 꺾인 서인 세력들은 이를 기회로 삼으려 했다. 서인들은 중전 장씨의 패악을 계속 알렸고, 숙

원자 책봉에 관한 일을 종묘, 사직에 고하였다.
– 숙종실록(1689)

1689년 임금이 명하길, "내가 성종대왕께서 투기로 죄를 지은 윤씨를 폐한 일을 보건대, 오늘날 민씨(인현왕후)는 윤씨보다 더하니 왕비 민씨를 폐하여 서인으로 삼는다." 하였다. 또한 "지금 중궁을 아직 세우지 못하였으므로 중궁을 정하는 것을 하루라도 늦출 수 있겠는가? 희빈 장씨는 좋은 집에 태어나서 머리를 따올릴 때부터 궁중에 들어와서 효와 예를 아는 후궁으로 일국의 국모가 될 만하니 왕비로 삼노라." 하였다.
– 숙종실록(1689)

숙의 최씨가 왕자를 낳았다. 준례대로 호산청(아이를 낳을 때 설치하는 관청)을 설치했는데, 임금이 호산청의 내관과 의관에게 말을 상으로 주었다.
– 숙종실록(1694)

종 역시 인현왕후를 쫓아낸 일을 후회하고 있었다.

결국 숙종은 중전 장씨를 후궁인 희빈으로 강등시키고, 쫓아낸 폐비를 다시 왕후로 복위시킨다. 이 일을 계기로 서인 세력이 다시 조정의 중심에 서고 남인들은 추방되는 1694년의 '갑술환국甲戌換局'이 이루어졌다.

인현왕후는 궁궐로 들어온 뒤 창경궁 통명전에서 잠시 머물렀는데, 통명전은 앞쪽으로는 넓은 월대, 옆으로는 아담한 연못이 있는 전형적인 내전 건물로 중전이나 대비가 주로 생활했던 곳이다. 인현왕후 개인에게는 봄날이 찾아왔지만, 문제는 건강이었다. 통명전으로 옮긴 뒤 왕후의 건강은 이상할 정도로 악화되었다. 바로 앞 경춘전으로 거처를 옮기기까지 했으나 그녀는 복위 8년 만인 1701년 생을 마감한다.

그런데 중전의 승하 후 궁궐이 발칵 뒤집히는 사건이 일어났다. 장희빈이 자신의 거처인 취선당에 신당神堂을 만들어놓고 무당을 불러 중전을 저주했다는 소문 때문이었다. 숙종은 바로 국청을 열었고, 신당을 만든 것은 물론이고 심지어 희빈 장씨가 궁인들을 시켜 통명전 주변에 쥐의 사체 같은 해괴한 물건을 묻어 중전을 저주한 것이 사실로 밝혀졌다. 당시 사람들은 인현왕후가 통명전에서 생활하며 건강이 나빠진 것도 다 장희빈의 저주 때문이라 믿었다. 실록에 의하면 장희빈의 명을 받은 궁녀들은 저주의 물건을 통명전 아래뿐 아니라 연못과 뒤쪽 화계에까지 묻었다고 한다.

숙종은 장희빈을 용서할 수 없다며 그녀에게 사약을 내렸다.

인현왕후의 거처였던 창경궁 통명전. 장희빈은 인현왕후를 저주하기 위해 통명전 곳곳에 저주의 물건을 숨겼다.

이에 남인들은 연산군의 예를 들며 희빈의 아들이 세자인데 모후를 죽이면 세자의 미래가 걱정된다며 극형만은 내리지 말아 달라고 청했다. 하지만 다혈질이었던 숙종이 이를 그냥 넘어갈 리 만무했다.

결국 희빈 장씨는 처소인 취선당에서 사약을 받았다. 그녀의 시신은 창경궁 선인문을 통해 나가 경기도 고양시에 묻혔다. 우리가 역사책이나 드라마에서 봤던 그 저주 장면의 현장이 이곳 통명전이라고 생각하니 섬돌의 틈새 한 곳도 자세히 보게 된다.

신완이 말하기를, "세자가 만약 이로 인하여 놀라고 근심하였다가 편찮게 된다면, 신하된 자의 마음이 또한 어떠하겠습니까?" 하였다. 임금이 말하기를, "내가 처음부터 결정한 뜻은 생각에 생각을 더하고 다시 생각하고 다시 생각한 것이다. 만약 이 사람을 살려 두어 후일 변고를 일으키고 도리어 세자에게 걱정을 끼친다면 그 화(禍)가 반드시 클 것이다. 사약(賜藥) 이외에 달리 다른 방도가 없다." 하였다.
– 숙종실록(1701)

🏯 장희빈의 처소, 취선당의 위치

—
"취선당(就善堂)이 건양현과 명정전(明政殿) 사이에 있으니 (하략)"
– 숙종실록(1701)

　인현왕후가 살았던 통명전이나 그녀가 승하한 경춘전은 지금도 남아 있다. 그러나 장희빈의 처소였던 취선당은 현재 사라진 상태다. 실록에는 취선당이 건양현과 명정전 사이에 있다고 적혀 있다. 여러 기록을 통해 취선당은 현재 낙선재 뒤 언덕 어디쯤이었을 것으로 추정된다. 만약 취선당이 언덕 위에 있었다면 장희빈은 시시때때로 인현왕후가 거처하던 통명전을 내려다보며 그녀를 저주하지 않았을까? 왠지 등골이 오싹해지는 기분이다.

인현왕후의 침전인 통명전. 장희빈의 처소였던 취선당은 오른쪽 언덕 즈음으로 추정된다.

숙종의 승하 – 경희궁 융복전

숙종은 경희궁에서 태어나 인생의 많은 날을 경희궁에서 보냈고, 인생의 마지막 날 역시 경희궁의 대전 융복전에 있었다.

왕이 위독하면 궁궐의 경계는 한층 강화된다. 이유는 세자가 즉위하기 전까지인 5~7일 동안 언제든 외부의 적이 옥새를 노릴 수 있기 때문이다. 따라서 왕의 죽음이 가까워지면 세자와 대군 등 종친과 대소 신료들은 24시간 궁궐을 지켰다. 숙종의 곁에는 장희빈의 아들인 세자와 숙빈 최씨의 아들 연잉군 등이 있었다.

왕의 숨소리가 미약해지면 의관은 왕의 인중 위에 솜을 놓고 솜의 미동을 통해 임금의 승하를 확인했다. 이를 속광屬纊이라 하는데, 의관의 최종 판단이 내려지면 왕을 모시는 내시들은 임금의 옷을 들고 지붕 위로 올라가 "상위복上位復"이라고 세 번 외쳤다. 상위복은 "주상上이시여, 자리位로 돌아오소서復"라는 뜻이다. 이때 여자들은 임종을 지킬 수 없다. 임금의 유언을 듣게 되면 정치에 관여할 수 있기 때문이다. 이후 효를 다하지 못한 자식들은 모두 죄인이기 때문에 머리를 풀어 헤치고 곡을 한다. 1720년 숙종실록은 융복전에서 있었던 숙종의 임종 순간을 묘사하고 있는데, 순간순간의 대화까지 기록되어 마치 드라마를 보는 듯한 느낌마저 든다.

현재 융복전은 남아 있지 않다. 일제 강점기를 거치면서 훼철되었기 때문이다. 단지 〈서궐영건도감의궤西闕營建都監儀軌〉에 묘사된 융복전을 보면서 당시의 모습을 상상할 수 있을 뿐이다.

숙종은 14세의 어린 나이에 왕이 되었으나 수렴청정을 받지 않고 바로 친정을 시작했다. 그만큼 총명했다는 뜻이다. 자신의 부인들마저 정치에 이용할 정도로 그는 권력욕이 있었고, 자칫 약해질 수 있었던 왕권을 강화시켜 많은 치세를 이룬 왕으로 역사에 기록되었다.

🦁 경희궁 방공호

경희궁 내 융복전 터에는 일제 강점기에 건립된 방공호가 있다. 1944년 태평양전쟁 당시 혹시 모를 미군의 폭격에 대비해 일제가 만든 방공호로 길이가 100미터가 넘고 안에는 20여 개의 작은 방들로 이루어져 있다. 궁궐 안에 방공호가 있다니 어처구니없는 일이지만, 이것이 현실이다. 일부에서는 방공호를 철

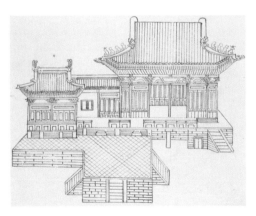

〈서궐영건도감의궤〉에 표현된 경희궁 융복전

일제 강점기에 만들어진 방공호가 남아 있는 융복전 터

거해야 한다고 주장하기도 하고, 또 한쪽에서는 이곳 역시 역사의 한 부분이니 후대에게 그 역사의 현장을 남겨야 한다고 주장하기도 한다.

숙종의 빈전 – 경희궁 자정전

임금이 승하하고 세자가 즉위를 하기 전까지 국정의 모든 일은 원상院相이 하게 되는데, 원상은 삼정승 중 한 명으로 국장 기간 중 세자를 보좌해 조정의 모든 일을 총괄한다.

국장을 준비하기 위해 가장 먼저 할 일은 임시 관청인 도감都監을 설치하는 것이다. 도감에는 국장의 모든 업무를 총괄하는 국장國葬도감, 임금의 시신을 안치하는 일을 담당하는 빈전殯殿도감 그리고 왕릉 공사를 맡는 산릉山陵도감이 있다.

국장의 첫 번째 과정은 시신이 안치되는 빈전을 정하는 일인데, 왕이 승하한 궁궐의 편전을 빈전으로 사용하는 경우가 많다. 숙종이 승하한 경희궁의 편전은 자정전이었다.

이제 관을 준비해야 한다. 임금의 관은 재궁梓宮이라 부른다. 임금은 죽어서도 궁 안에 머무르는 것이다. 재궁은 금강송으로 만들어지는데, 임금이 즉위하면 여러 개의 관을 만들어 매년 옻칠을 하고 그중 상태가 가장 좋은 것을 골라 사용한다.

이어 승하한 임금의 옥체를 깨끗이 닦는 습례襲禮를 행하게 된다. 이때 임금의 입에 구슬이나 쌀 등을 넣는데 이 의식을 반

"국상 때 여러 대신들이 같이 원상이 된 전례가 있으니, 청컨대 이번에도 전례에 의거하여 우상과 함께 모든 일을 의논하게 하소서." 하니 세자가 그대로 따랐다.
– 숙종실록(1720)

호조, 병조, 예조 판서를 국장도감 책임자로, 좌참찬 예조 판서를 빈전도감 책임자로, 공조 및 형조 판서를 산릉도감 책임자로 한다. 그리고 빈전에 관해서는 비록 대행왕의 유교가 빈전은 창덕궁의 선정전으로 하라 하셨지만 여러 가지 사정상 자정전이 적당하니 경희궁 자정전으로 결정되었다.
– 숙종실록(1720)

승지 조관빈이 "장생전 안에 있는 재궁들 중, 첫 번째 재궁이 나무의 품질이 가장 좋기 때문에 이를 추천하여 들여보냈습니다." 하니, 세자가 답하기를, "알았다." 하였다.
– 숙종실록(1720)

합飯含이라 한다. 물론 이 과정 역시 여자는 관여할 수 없다.

왕릉 공사 관계로 왕이 승하 후 왕릉에 안장하기까지는 대략 5~6개월의 시간이 소요된다. 그동안 여름철을 만나기 때문에 대행왕(돌아가신 왕)의 시신이 부패할 확률이 높다. 그래서 왕실에서는 매년 겨울 한강이 얼면 얼음 창고인 동빙고나 서빙고, 내빙고(궁궐 안의 빙고)에 일정량의 얼음을 보관한다. 이 얼음을 이용해 시신 주변의 기온을 낮춰 부패를 최소화하는 것이다. 또한 빈전 내에 마른 미역을 걸어두어 습도를 조절했다.

습례를 마치면 대행왕의 시신에 새 옷을 입히는 과정이 진행된다. 이때 처음 입히는 것을 소렴小斂, 두 번째를 대렴大斂이라 한다. 보통은 99벌의 옷을 입힌다고 하는데 이는 숫자 9가 동양에서 좋은 숫자로 인식되었기 때문이다. 대렴이 끝나면 왕세자나 대군 등은 풀었던 머리를 묶고 상복을 입었다.

대렴이 끝난 왕의 시신은 재궁(관)에 안치되는데, 재궁 안에는 승하한 임금의 치아, 머리카락, 손톱 등 신체의 일부와 기타 의미 있는 물건을 넣기도 한다. 숙종의 경우에는 아버지인 현종과 할아버지인 효종의 옷을 함께 넣었다.

입관이 끝나면 재궁은 다시 찬궁欑宮에 봉안한다. 찬궁이란 빈전의 서쪽에 약 15cm 높이로 벽돌 기단을 쌓고 지은 큰 상자다. 이후 찬궁의 남쪽에 대행왕의 신위(죽은 사람의 영혼이 의지할 자리)를 놓게 되면 비로소 본격적인 국장이 시작되며 왕세자 역시 즉위식을 거행할 수 있다.

경희궁의 편전 자정전. 숙종의 국장 기간에는 시신을 안치하는 빈전으로 사용되었다.

숙종의 시신은 경희궁의 편전인 자정전에 안치되었다. 빈전은 임금이 궁궐에서의 마지막을 보내는 곳이다. 참고로 편전은 왕이 생전에 가장 많은 시간을 보내는 전각이기도 하다.

경희궁은 현재 남아 있는 전각이 거의 없어 관람객도 적고 궐내도 한적하고 고요하다. 비어 있는 자정전의 내부를 보고 있으면 그 고요가 환청을 자극한다. 그리고 대행왕의 시신 앞에서 곡을 하는 대신들과 여기저기서 분주하게 장례 준비를 하는 궁인들의 모습이 그려지는 듯하다.

숙종의 시신이 안치되었던 자정전 내부

🦚 빈전으로 사용되는 편전과 복도각

임금의 집무실이었던 편전을 빈전으로 사용하는 이유 중 하나
는 편전의 공간적 특징에 있다.

대부분의 편전은 행각으로 둘러싸여 있고 앞마당이 있다. 앞
마당은 세자가 머무르는 여차(廬次)를 만들 수 있고 대신들이 곡

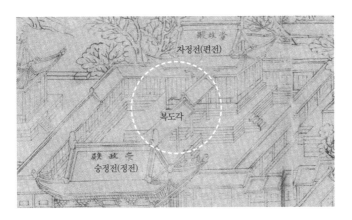

자정전과 복도각(서궐도안)

숭릉(현종)의 정자각. 편전의 복도각은 왕릉의 정자각처럼 엄중한 분위기를 자아낸다.

을 하는 장소로 활용된다. 또한 편전과 정문 사이는 복도각으로 연결되어 있는데 이는 비를 피할 수 있는 기능도 있지만 마치 왕릉의 정자각(왕릉 참배시 제사를 지내는 공간)처럼 엄중한 분위기를 만들어내기도 한다. 게다가 온돌이 없고 마루만 깔린 편전은 여름철 기온이 낮고 시원해 혹시 모를 시신의 부패를 최소화할 수 있다. 지금의 자정전은 2000년대 들어 복원되었으나 당시 마루와 복도각은 복원되지 못했다.

20
경종

의문의 죽음

힘없는 세자의 대리청정 - 창경궁 시민당

숙종의 뒤를 이어 장희빈의 아들인 세자가 조선 20대 임금 경종으로 즉위했다. 숙종이 40년이 넘는 치세를 펼치다 보니 경종의 세자 시절도 그만큼 길었다.

당시의 정국을 살펴보면 서인 세력은 장희빈의 사사와 함께 힘을 잃은 남인들의 처리 방법을 두고 이견을 보이며 노장파(노론)와 소장파(소론)로 분파되었다. 이 중 주요 세력은 노론이었는데, 노론은 세자가 남인인 장희빈의 아들이라는 이유 등으로 우호적이지 않았다. 이런 노론이 어느 날 숙종에게 대리청정을 제안한다. 아마도 대리청정 기간 동안 꼬투리를 잡아 폐세자시키고 배다른 동생인 연잉군(숙빈 최씨의 아들)을 세자로 만들고 싶었을 것이다.

대리청정은 보통 동궁 내 외당(外堂)에서 행해진다. 동궁 영역은 크게 세자의 생활 공간, 공부하는 공간 그리고 제왕 수업을 하는 공간으로 나뉘는데, 여기서 제왕 수업을 하는 공간을 조당(朝堂) 또는 외당이라 한다. 경복궁의 계조당이 대표적인 외당 전각인데, 숙종은 대리청정 장소를 창경궁의 시민당으로 정하였다.

사실 대리청정은 아주 위험한 정치 행위다. 어떤 사안을 결정할 때 부왕과 마찰이 생기거나 혹 그로 인한 정쟁에 휘말리면 폐세자가 될 수도 있기 때문이다. 노론은 바로 이 점을 노렸다. 하지만 그들의 예상과 달리 세자는 별다른 문제 없이 조용

이이명이 이르기를, "임진왜란 이전 경복궁의 건춘문 안에 따로 왕세자의 조당(朝堂)을 건립하고 '계조당'이라 명명하였는데, 지금 창경궁 시민당이 동궁의 외당(外堂)이었습니다. 대리청정 등의 일을 이곳에서 하게 해야 합니까, 아니면 특별히 다른 곳에서 하도록 명하실 것입니까?" 하니, 임금이 이르기를 "창경궁 시민당에서 하라." 하였다.
– 숙종실록(1717)

히 대리청정을 이어갔다. 이는 세자가 현명했다기보다는 정치적으로 주눅이 들어 아무것도 하지 못했기 때문이다.

경종, 즉 세자는 14살 때 어머니인 장희빈이 사약을 받고 죽는 과정을 보았다. 게다가 성장 과정에서 자신을 지지해주던 남인 세력의 몰락으로 언제든 죽을 수 있다는 공포감을 느꼈다. 심지어 대리청정 기간에도 자신보다 동생인 연잉군을 지지하는 노론들이 조정의 요직을 차지하고 있었으니, 말 그대로 가시방석이었다.

당시 정치적 상황에 따른 스트레스 때문이었는지 경종은 세자 시절부터 건강이 좋지 않았다. 그러다 보니 부왕인 숙종 역

시민당 터

동궐도에 묘사된 창경궁 시민당 터. 시민당은 숙종 대 이후 소실된 것으로 추정된다.

창경궁 시민당이 있었을 것으로 추정되는 터. 현재는 화장실이 들어서 있다.

시 총명하고 건강한 연잉군에게 시선이 갈 수밖에 없었다. 안타까운 운명이 아닐 수 없다.

경종이 세자 시절 대리청정을 했던 시민당은 현재 남아 있지 않다. 빈터를 바라보고 있으면 경종을 향한 왠지 모를 연민의 정이 느껴진다.

이상한 죽음 – 창경궁 환취정

왕이 된 이후에도 조정의 분위기는 경종에게 우호적이지 않았다. 건강도 문제였지만 자신을 지지하는 소론의 힘이 더 약해졌기 때문이다. 그러던 중 경종에게도 기회는 왔다. 노론 대신들이 자신을 향해 동생인 연잉군을 세제世弟로 책봉하라는 상소를 올린 것이다. 아무리 병약했어도 젊은 왕에게 할 소리는 아니었다. 이 일을 빌미로 소론은 노론의 주요 대신들을 숙청할 수 있었다. 또한 연잉군이 노론의 비호를 받고 있다는 것은 누구나 아는 사실이었으니 그는 하루아침에 역적으로 몰리게 되었다.

이 상황에서 경종은 이복동생을 구해 준다. 그는 자신이 후사가 없을 것이고, 몸이 병약해 오래 살지 못할 것임을 스스로 잘 알고 있었다. 만약 후사가 없는 상황에서 연잉군마저 죽으면 조정은 극도로 혼란해질 것이 뻔했기 때문이다. 여러 기록을 보아도 당시 경종의 병은 심상치 않았다. 심지어 회의 도중 신하들 앞에서 소변을 보기도 했으니, 분명 정상적인 임금의 행동은 아니었다.

건강 문제, 후사 문제, 정치 문제 등 어느 것 하나 경종에게 유리하게 돌아가지 않았다. 결국 경종은 소론의 반대에도 불구하고 동생인 연잉군을 세제로 책봉하라는 명을 내렸다. 당시 연잉군은 결혼 후 출가한 상태였으므로 경종은 그를 다시 창경궁으로 불러들였다. 어명을 받은 연잉군은 세제의 신분으로 형인 경종이 세자 시절 대리청정을 했던 창경궁 시민당에 나아가 신하들의 조하를 받았다.

형제가 왕과 세제가 된다는 것은 정치적으로 결코 평화로울 수 없는 상황이다. 비록 왕의 건강이 좋지 않은 비상 상황이었지만 혹시라도 경종이 후사를 얻게 되면 또 다른 후폭풍이 생길 수 있기 때문이다. 그러다 보니 하루하루가 살얼음판이었다.

당시 경종은 창경궁 통명전에 있었다. 그러나 병세가 점점 악화되자 통풍이 잘 되는 환취정으로 옮긴다. 환취정은 통명전 뒤쪽 숲속에 위치한 정자다. 점점 수척해지는 경종 옆에서 동생인 왕세제가 병간호를 했다. 그러던 어느 날 수라상을 본 의관들이 게장과 곶감은 상극이라 같이 먹으면 안 된다는 조언을 하는데, 그 뒤 얼마 지나지 않아 경종은 승하하고 만다.

경종 승하 며칠 전의 실록을 보면 왠지 모를 의구심이 든다.

이날 임금이 여러 신하들을 대하여 몸을 조금 돌려 오줌을 누므로 여러 신하들이 잠시 물러가려고 하자 임금이 물러가지 말라고 명하였다. 파할 즈음에 이거원이 종종걸음으로 나아가 엎드려 말하기를, "한나라 무제(武帝)는 신하를 만날 때 관(冠)을 쓰지 않고는 만나지 않았습니다. 조금 전 전하께서 소피를 보실 때 하교(下敎)하지도 않으셨고 내관 또한 서로 알린 일이 없었으니, 이는 신하를 접대하는 도리에 부족함이 있는 것입니다." 하였다.
– 경종실록(1722)

예조에서 연잉군이 이미 후사로 정해졌으니 그대로 사가에 거처함은 미안한 일이라 하여 빨리 대궐 안에 들어와 거처케 할 것을 청하고, 연잉군의 지위는 마땅히 왕세제(王世弟)로 정해야 할 것입니다." 하니, 임금이 김창집의 의논에 따라서 시행하라고 명하였다.
– 경종실록(1721)

임금이 교지를 반포하고 왕세제가 시민당에 나아가 조하를 받다.
– 경종실록(1721)

여러 의원들이 임금에게 어제 게
장과 생감을 드셨다고 하시는데
이는 한방에서 매우 꺼려하는 것
이라 하여, 두시탕 등을 올리도
록 청하였다.
- 경종실록(1724년 8월 21일)

임금의 설사의 징후가 그치지 않
아 약방에서 입진하여 탕약을 정
지하고 잇따라 인삼과 좁쌀로 끓
인 죽을 올렸다.
- 경종실록(1724년 8월 23일)

세제가 울면서 말하기를 "인삼
과 부자(附子)를 급히 쓰도록 하
라." 하였고, 이광좌가 삼다(蔘
茶)를 올렸다. 이때 이공윤이 이
광좌에게 이르기를 "삼다를 많
이 쓰지 말라." 하니, 세제가 말
하기를 "사람이란 본시 자기의
의견을 세울 곳이 있긴 하나, 지
금이 어떤 때인데 꼭 자기의 의
견을 세우려고 인삼 약제를 쓰지
못하도록 하는가?" 하였다.
- 경종실록(1724년 8월 24일)

임금이 창경궁 환취정에서 승하
하였다.
- 경종실록(1724년 8월 25일)

왕의 생사가 촌극을 다투고 있는 상황 속에서 궁합이 상극인
음식을 수라에 올렸고, 왕세제가 결정적인 순간에 의관의 말
을 믿지 않고 자신의 처방을 내렸으며, 무엇보다도 왕과 왕세
제의 불편한 관계까지 엮여 있는, 어딘지 모르게 석연치 않은
죽음이었다. 이것이 수백 년이 지난 오늘날까지도 경종이 독
살되었다는 설이 끊임없이 제기되는 이유다.

환취정은 창경궁이 창건된 성종 연간 만들어진 정자로 조선
후기까지 존재했으나 지금은 사라졌고 터마저 수풀로 가려져
있다. 바로 이곳에서 경종은 한 많은 생을 마감했다. 그는 어려
서 자신의 눈앞에서 어머니가 죽는 것을 보았고, 붕당 정치 속
에서 다혈질인 아버지 숙종의 눈치를 보며 세자 생활을 해야
했다. 또한 왕이 되었어도 건강 등 여러 문제로 동생에게 옥새
를 넘겨줘야 했으니 결코 순탄한 삶은 아니었다.

수풀에 가려진 창경궁 환취정 터. 이곳에서 경종은 한 많은 삶을 마감했다.

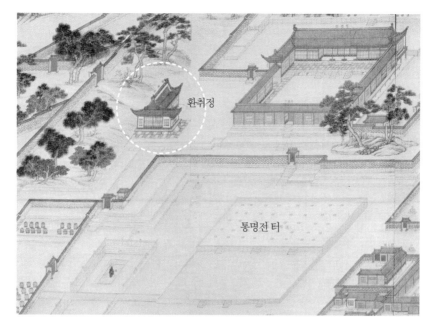

환취정

통명전 터

동궐도에 묘사된 창경궁 환취정

21

영조

자애로운 왕,
냉정한 아버지

영조의 즉위 – 창덕궁 인정전

이복형이었던 경종의 승하로 동생인 왕세제가 다음 왕이 되니 그가 조선 21대 임금 영조다. 부왕인 숙종의 빈전으로 경희궁의 편전인 자정전을 이용했듯, 영조는 형인 경종의 빈전을 창덕궁의 편전인 선정전으로 정했다.

왕세제는 빈전에서 예를 갖추고 형의 시신 앞에서 옥새를 받은 후 즉위 교서를 반포하기 위해 인정문으로 향했다. 앞서 언급했듯 죽은 왕의 옥새를 받는 사위嗣位는 대개 정전의 정문에서 진행된다. 새로운 왕은 그곳에서 즉위 교서를 반포하고 신하들은 천세千歲를 외치며 충성을 다짐한다(만세萬歲는 황제국에서만 쓸 수 있다). 즉위 교서의 낭독을 마치면 비로소 측문을 통과해 어도를 지나 정전 안의 어좌에 오를 수 있다. 아직 국상 중이기 때문에 즉위식은 엄숙하게 진행된다.

영조는 인정문에 놓인 어좌에 앉아 교서를 반포하고 동문을 통해 인정전에 올랐다. 어도를 걸으면서 그는 가장 먼저 누구를 떠올렸을까? 아마도 모진 위기를 극복하며 자신을 키워준 어머니 숙빈 최씨가 아니었을까?

무수리 출신인 숙빈 최씨는 장희빈의 악행으로 많은 고생을 했다. 게다가 궐내에 별다른 정치 세력의 후원도 받지도 못한 상태에서 아들 연잉군을 키웠다. 사실 아들이 있는 숙빈 최씨는 왕비가 될 수 있는 충분한 조건이 되었다. 하지만 장희빈 때문에 마음고생을 한 숙종은 후궁은 왕비가 될 수 없다는 국법

정오 즈음 환취정으로부터 대행어상(大行御床)을 받들어 선정전으로 옮기고 대렴을 하여 재궁에 내렸는데, 세제가 하교하기를 "이것은 곧 숙종의 어필(御筆)인데, 대행왕께서 일찍이 보배롭게 소장하시던 것으로 중전께서 재궁에 넣고자 하신다." 하고, 스스로 받들어 넣고 사관으로 하여금 실록에 기록하도록 하였다.
– 경종실록(1724)

왕세제가 인정문의 동쪽 협문 밖에 이르러 멈추어 섰다. 그곳 한 복판에 어좌를 설치하였는데, 왕세제가 울부짖으며 "내가 옛날에 여기에서 대행대왕을 모셨었는데 지금 무슨 마음으로 어좌에 오를 수 있겠는가?" 그러나 신하들의 간곡한 간청으로 겨우 왕세제가 어좌에 올라가니 백관이 네 번 절하고 '천세' 하고 호창하였다. "왕은 말하노라. 하늘이 내린 재앙으로 거듭 큰 슬픔을 만났는데, 나라에는 임금이 없을 수 없으므로 억지로 신하들의 청을 따랐노라. 지난 5년간 나는 아버지(숙종)와 형(경종)을 잃는 슬픔을 만났다. 오늘 종묘사직을 받들어 만백성의 주인이 되었으나 보잘 것 없는 이 몸이 감당하기가 쉽지 않다. 모든 문무백관들은 서로 협력하여 짐을 도와 300년 종묘사직을 더욱더 굳건히 해주길 바라노라."
– 영조실록(1724)

을 만들었고 결국 그녀는 후궁의 신분으로 생을 마감하고 만다. 그래서인지 영조는 왕이 된 이후 어머니에 대한 추존에 많은 노력을 기울였다. 조선 후기의 르네상스를 이끈 영조는 이렇게 한 발 한 발 인정전의 옥좌를 향해 발걸음을 내디뎠다.

🏯 미완의 복원, 인정전 조정의 박석

정전의 안마당인 조정에는 보통 얇은 돌인 박석(薄石)이 깔린다. 원래 인정전에도 경복궁의 근정전처럼 자연석이 깔려 있었으나 일제 강점기에 이곳이 정원으로 바뀌면서 박석도 사라졌

영조의 즉위식이 거행된 인정문. 인정문의 동문(오른쪽) 앞에 어좌가 있었다.

다. 광복 이후 복원은 되었으나 어떤 이유에서인지 기계로 자른 듯 네모난 박석이 깔려 있다. 미완의 복원이다.

미완의 복원인 인정전 조정의 박석

애민 군주 영조, 박문수를 만나다
– 창덕궁 선정전

영조는 왕세제 시절 노론과 소론의 정쟁 속에 역적으로 몰려 목숨을 잃을 뻔한 경험이 있다. 누구보다도 가까이에서 그 폐단을 목격한 그는 탕평책蕩平策이라는 인사권을 행사했다. 탕평이란 노론, 소론을 따지지 않고 골고루 인재를 등용하겠다는 뜻으로 지금으로 비유하자면 대통령이 야당의 주요 인사들을 내각에 등용시키는 것과 같다. 당시 대표적으로 발탁된 인물이 바로 박문수였다. 암행어사로 잘 알려진 박문수는 소론으로 영조에게 직언을 하는 몇 안 되는 신하 중 한 명이었다. 그래서인지 그에 대한 영조의 신임은 두터웠다.

세제가 되기 전 사가에서 살았던 영조는 백성들의 시선에서 세상을 볼 줄 아는 왕이었다. 궁궐에 들어온 그는 궐 밖 상황을 자세히 살피기 위해 암행어사 제도를 활용했다.

'암행어사'라고 하면 박문수가 떠오른다. 암행을 하면서 백성들을 살피고 억울한 일을 해결해주는 박문수는 언제부턴가 암행어사의 대명사가 되었다. 그러나 정작 박문수가 어사의 명을 받아 행한 횟수는 4회, 기간으로는 1년도 되지 않는다. 그것도 암행어사라기보다는 흉년이 들었을 때 기근의 실태를 조사하고 굶주린 백성들을 구휼하는 일을 감시해 보고하는 별견어사別遣御史였던 것으로 보인다.

영조는 경상도 지역의 실태를 파악하라는 명을 내렸고, 이에 박문수는 임무를 마치고 창덕궁 선정전에서 영조를 접견했다. 선정전은 장례 기간 중에는 빈전으로 사용되기도 하지만 평상시에는 주로 임금이 신하들과 국정을 논하는 상참이 열린 곳이었다.

박문수가 1728년의 실록 내용처럼 별견어사로만 활약했는지, 혹은 암행어사의 책무까지 맡았는지는 확실치 않다. 그러나 그는 왕에게 직언하는 몇 안 되는 신하였고, 그런 그를 영조는 누구보다 신뢰했다.

박문수와 영조가 국정을 논했던 선정전 내부

선정전의 내부를 가만히 보고 있으면 어좌에 앉은 영조가 박문수의 이야기를 고심하며 듣는 모습이 그려진다. 영조가 조선의 르네상스를 만들 수 있었던 가장 큰 원인은 다름 아닌 그의 눈과 귀가 되어주었던 박문수 같은 충신이 있었기 때문이다.

🦥 선정전 청기와

창덕궁의 선정전은 현재 남은 궁궐 전각 중 유일한 청기와 건물이며 동시에 현존하는 가장 오래된 편전이다. 청기와는 워낙 비싸 쉽게 사용할 수 없는 건축 자재였다.

지금의 선정전은 인조반정 당시 전소되었는데, 이후 재건을 하지 않고 청기와였던 인경궁의 광정전 자재를 옮겨 지은 것이

창덕궁 선정전의 청기와

전교하기를, "인정전과 선정전
은 모두 청기와로 이어야 한다.
사찰도 청기와를 이은 것이 많은
데, 하물며 왕의 정전(正殿)이랴.
그러나 청기와를 갑자기 마련하
기 어려우니 금년부터 해마다 구
워 만들어 정전만은 으레 청기와
로 이도록 하라." 하였다.
– 연산군일기(1505)

전교하였다. "인경궁의 홍정전
과 광정전을 장차 푸른 기와로
덮도록 하라."
– 광해군일기(1618)

다. 광해군일기를 보면 당시 인경궁의 정전과 편전을 모두 청기
와로 덮으라는 내용이 나온다. 따라서 선정전의 청기와는 1618
년 광해군 연간 지은 광정전의 청기와라는 사실을 알 수 있다.
무려 400년이 넘은 기와인 것이다. 지금의 청와대는 선정전의
청기와를 본떠 만들었다.

유일한 청기와 전각인 선정전

영조가 사랑했던 편전 - 창경궁 숭문당

조선 후기 최고의 애민 군주라 평가받는 영조에게는 사가에서 살 때 태어난 아들이 있었는데, 아버지가 왕이 되니 아들 역시 왕세자로 봉해졌다. 영조는 세자가 자신이 왕세제 시절 사용했던 시민당을 사용하게 했다. 시민당은 창경궁 동궁의 주요 건물로 진수당, 장경각 등의 부속 건물을 갖추고 있었다.

후사가 없어 힘들어했던 경종의 모습을 생각하면서 영조는 누구보다도 어린 세자를 아꼈다. 그러나 행복은 오래가지 못했다. 1728년, 10살의 나이로 세자가 요절한 것이다.

첫째 아들인 효장세자를 떠나보낸 영조는 7년 후인 1735년 그토록 기다리던 둘째 아들을 보게 되었다. 그가 바로 사도세자다. 첫째 아들을 잃은 슬픔 때문인지 영조는 한 살도 되지 않은 어린 원자를 세자로 책봉하고 제왕 수업에 최선을 다했다. 세자를 위해 직접 교과서까지 만들 정도였으니 영조가 얼마나 많은 노력을 했는지 알 수 있다.

사도세자는 세자빈(혜경궁 홍씨)을 맞이하고 아버지에게 세손을 보게 해주는 기쁨을 안겼다. 할아버지, 아들 그리고 손자까지 3대가 건강하니 영조의 감격은 이루 말할 수 없었다.

그러나 시간이 흐를수록 왕실에 먹구름이 드리우기 시작했다. 아들에 대한 기대가 워낙 컸지만 세자는 그 기대를 채우지 못했다. 아버지에게 혼나는 일이 잦아졌고, 그로 인한 스트레스를 세자는 폭력으로 풀었다. 그럴수록 영조의 노여움도 커

지난밤에 왕세자가 창경궁의 진수당에서 훙서하였다. 임금이 영의정 등을 대하여 슬피 곡하며 말하기를, "종묘, 사직을 장차 어찌할 것인가?" 하였다.
– 영조실록(1728)

졌다. 말 그대로 악순환의 연속이었다. 그러다 보니 영조는 아들보다는 오히려 손자에게 마음을 쏟기 시작했다. 자신이 워낙 건강했고 세손도 총명하니 손자를 후계자로 생각하지 않았나 싶다. 영조는 세자 내외와 세손이 기거하는 창경궁을 자주 이용했는데, 특히 숭문당을 편전으로 정하고 세손을 불러 학문을 시험했다고 전한다.

이런 모습을 본 세자의 마음은 타들어갔다. 아들인 자신보다 세손에게 보위를 물려줄 분위기였기 때문이다. 부자지간의 사이가 멀어진 것은 대리청정 때부터였다. 원래 세자는 대리청정을 할 때 정치적 언행을 최소화하면서 철저히 부왕의 대리인 역할을 해야 한다. 그러나 사도세자는 그러지 않았다. 당시 조정은 영조를 왕으로 만든 노론과 경종 승하 후 세력이 약화된 소론으로 나뉘어진 형국이었다. 소론은 미래 권력인 세자와 친밀해지고자 했고, 이 모습을 본 노론은 자연스럽게 세자를 경계하게 되었다. 바로 이때 세자의 대리청정이 시작된 것이다.

노론은 세자의 정치적 행위를 침소봉대해 왕과 세자의 사이를 갈라놓기 시작했다. 세자의 별것도 아닌 언행에도 부왕은 대노했고, 그럴수록 세자의 행동은 더욱 거칠어졌다. 이런 어색한 부자 사이를 결정적으로 멀어지게 만든 것은 영조의 경희궁행이었다.

왕이 다른 궁궐로 이어를 하면 세자는 당연히 따라가야 했으나 사도세자는 그러지 않았다. 아버지의 꾸중이 두려웠고

영조가 자주 이용했던 창경궁 숭문당. 편액은 영조의 친필로 알려져 있다.

정쟁에도 휘말리기 싫었던 것이다. 하지만 이것이 화근이었다. 노론 강경파들은 이 틈을 노려 부자지간을 더욱 멀어지게 만들었다.

아비가 아들을 죽이고, 아비가 아들 앞에서 죽어갔던 현장 - 창경궁 문정전

영조는 이미 세자를 정신질환자로 여기며 만약 세자가 왕이 되면 제2의 연산군 시대가 될 것이라 생각했다. 결국 세자가 죽어야 나라가 선다고 판단한 영조는 창경궁의 편전인 문정전으로 세자를 소환했다. 그 뒤, 조선 역사상 최대의 비극이 일어나고 만다.

영조의 명으로 세자는 뒤주에 갇히고 그 모습을 본 세자빈과 세손은 어찌할 바를 몰랐다. 그렇게 세자는 8일 만에 뒤주 안에서 죽고 만다. 1762년 임오년에 일어난 '임오화변壬午禍變'이다.

임오화변은 영조의 다혈질적인 성격, 노론과 소론의 당파 정쟁 그리고 세자의 어긋난 행동 등이 모두 뒤섞여 일어난 비극적 사건이었다. 훗날 영조는 자신의 결정을 후회하며 아들의 무덤 앞에서 '사도思悼(사모할 사思, 슬퍼할 도悼)'라는 호를 직접 지어주었다.

창경궁 문정전은 아비가 아들을 죽이고, 아비가 아들 앞에서 죽어간 비극의 현장이다. 앞마당을 보고 있으면 뙤약볕 아래

임금이 세자에게 명하여 땅에 엎드려 관(冠)을 벗게 하고, 맨발로 머리를 땅에 조아리게 하고, 이어서 차마 들을 수 없는 전교(뒤주 안으로 들어가라는 명령)를 내려 자결할 것을 재촉하니, 그때 세손(훗날 정조)이 황급히 들어왔다. 임금이 세자빈(혜경궁 홍씨)과 세손을 좌의정 집으로 보내라고 명하였다.
– 영조실록(1762)

임오화변의 현장인 창경궁 문정전

문정전

일주일이 넘는 시간 동안 고통스럽게 죽어간 사도세자의 비명이 들리는 듯하다. 영조의 자결 명령도 비극이지만 이 사건이 더 안타까운 것은 뒤주 안에서 죽어가는 아버지의 모습을 열살배기 세손(훗날 정조)이 봤다는 것이다.

세손의 거처 - 경희궁 존현각

아들을 죽게 한 죄책감 때문이었는지 영조는 세손에게 동궁의 지위를 주려 했으나 노론 강경파의 반대가 만만치 않았다. 세자의 비극적 죽음에 어느 정도 책임이 있었기 때문에 그들은 세자의 아들이 왕이 된다는 것을 쉽게 받아들이지 않았다. 게

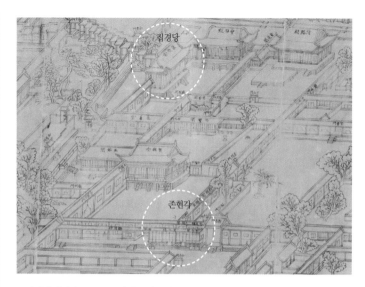

존현각과 집경당(서궐도안). 현재는 서울역사박물관이 자리잡고 있다.

—
임금이 보첩에 '특명으로 왕세
손으로서 효장세자를 잇게 하였
다.'라고 쓰기를 명하여 종부시
에 내려 이로써 보첩에 수록하게
하였다.
– 영조실록(1764)

다가 사도세자는 폐세자된 죄인의 신분으로 죽었는데 죄인의 아들이 세손이 된다는 것은 법도에 맞지 않는다고 주장했다. 명분이 목숨만큼 중시되었던 조선 왕실에서 영조는 명분을 만들어야 했고 고심 끝에 생각해낸 묘수는 세손을 요절한 자신의 큰아들 효장세자의 아들로 입적시키는 것이었다.

영조는 부왕인 숙종처럼 경희궁을 매우 아꼈다. 특히 임오화변 이후 창덕궁보다는 경희궁에서 주로 생활했다. 임금이 이어하니 세손도 임금을 따라 경희궁으로 거처를 옮겼다. 영조는 세손에게 존현각에서 학문을 익히게 했다. 존현각은 영조의 형인 경종이 세자 시절 제왕 수업을 받았던 전각이었다.

영조는 수시로 존현각에 들려 세손의 학문을 확인했는데 임금의 질문에 거침없이 대답하는 세손의 모습을 보며 매우 기뻐했다. 1770년 실록의 내용을 보면 당시 영조가 세손을 얼마나 아꼈는지 그대로 드러난다.

하지만 이 모습을 본 노론 강경파들의 속은 그리 편치 않았다. 그래서였는지 그들은 노골적으로 세손을 무시했고 나이든 임금 영조에게 반기를 들었다. 당시 세손이 기록한《존현각일기》를 보면 위태로운 세손의 심정이 그대로 드러난다.

"노론 신하들은 임금을 만날 때에도 몸을 구부리지 않았고 신발 소리를 탁탁 내며 다녔다. 그들에게 임금에 대한 존경심은 찾아볼 수가 없었다. 그들은 나를 마치 손안의 물건인 양 취급했다."

손자를 지켜라 – 경희궁 집경당

영조는 매우 장수한 임금이다. 조선 왕의 평균 수명보다 무려 두 배가량을 살았다. 80세가 된 영조는 이제 세손에게 대리청정을 명한다. 그러나 영조가 아무리 통치력이 뛰어났다 한들 당시에는 몸과 정신이 이미 노쇠한 상태였다.

사도세자를 인정하지 않았던 노론 강경파가 그의 아들인 세손을 인정할 리 없었다. 노론 세력의 반항은 1775년의 실록 곳곳에 드러난다. 그들은 도승지를 막아 어명조차 적지 못하게 하는가 하면, 심지어 세손의 눈앞에서 '세손은 노론이니 소

임금이 존현각에 나아갔는데, 왕세손이 모시고 앉았다. 임금이 《서경》을 읽으라 명하여, 세손이 읽기를 마치자, 임금이 말하기를, "아! 이 존현각은 나의 형님인 경종대왕께서 세자로 있을 때에 주연(胄筵, 왕세자 교육 제도)으로 쓰던 곳인데, 오늘은 할아비와 손자가 이 각에 같이 앉았으니, 이 마음이 더욱 간절하다." 주나라 소강공의 '좌우'란 말을 세손에게 물으니, 세손이 서연의 문왕 편을 들어서 대답하였다. 임금이 기쁜 마음으로 말하길 "만약 이로써 확충해 나간다면, 우리나라는 희망이 있다. 오늘 어찌 보이는 뜻이 없을 수 있겠는가? 세손의 스승들을 승진시키고 선물을 내려주라." 하였다.
– 영조실록(1770)

론이니 정치를 알 필요도 없다'며 큰소리를 냈다. 이 모습을 본 세손은 속으로는 화가 치밀었겠지만 어떠한 정치적 발언도 하지 않았다.

사도세자는 할아버지 영조에게는 역린逆鱗이었다. 역린이란 용의 비늘 중 거꾸로 난 비늘을 뜻하는 것으로, 군주의 노여움을 뜻한다. 동궁의 지위를 얻은 어린 세손은 할아버지 앞에서 아버지 이야기를 하지 않았다. 역린을 건드리지 않았던 것이다. 그저 자신의 때를 기다릴 뿐이었다.

세손에게 대리청정을 명한 다음 해인 1776년, 영조는 경희궁 집경당에서 파란만장한 삶을 마감했다. 50년 넘는 집권 기간 동안 많은 업적을 이룬 그였지만 스스로 아들을 죽였다는 죄책감은 죽어서도 떨칠 수 없는 것이었다. 집경당은 경희궁 내전 건물인 융복전과 회상전의 부속 건물로 지금은 사라졌고, 이곳 역시 다른 전각들처럼 서울역사박물관의 주차장이 되어 있다.

🐾 관공서로 변한 경희궁

숙종과 영조가 좋아했던 경희궁은 조선 후기 이궁으로서의 역할을 다했지만 고종 연간 경복궁이 중건되면서 대부분의 전각이 헐려 공사 자재로 사용되었다. 그나마 남아 있던 경희궁 전각들은 일제 강점기에 팔려나가 1930년대 들어 경희궁은 사실상 완전히 사라지고 만다.

다행히 50여 년 후인 1985년부터 경희궁 복원과 공원 조성

계획을 세우고 발굴 조사에 들어가 2000년대에 들어서면서 숭정전, 자정전 등 일부 전각들이 제 모습을 찾았다. 하지만 지금 경희궁 터에는 서울역사박물관, 서울시교육청 등의 공공기관이 자리를 잡으면서 사실상 복원 사업에 제동이 걸려 있는 상태다. 하루빨리 기관들이 옮겨지고 경희궁이 제 모습을 찾게 되기를 기대한다.

관광서 등 빌딩으로 둘러싸인 경희궁

22
정조

조선의
르네상스를 이루다

정조 이산, 드디어 왕위에 오르다
– 경희궁 숭정전

승하한 영조의 뒤를 이어 세손이 등극하니 그가 조선 22대 임금 정조다. 정조는 자정전에 모신 할아버지 영조의 시신 앞에서 옥새를 받은 뒤 경희궁의 숭정문에서 즉위 교서를 반포했다.

1776년 실록의 기록대로라면 정조는 빈전인 자정전에서 가마를 타고 숭정문 앞에 놓인 어좌에 앉았을 것이다. 그 앞에서 예를 갖추고 있는 신하들의 모습을 보면서 정조는 어떤 생각을 했을까? 아버지 사도세자의 죽음에 동조한 이들이 즉위식 날 자신의 눈앞에 서 있었으니 말이다.

앞서 언급한 것처럼 정조는 세손 시절 공식 석상에서 아버지 사도세자의 이야기를 꺼내지 않았다. 혹시 모를 정쟁에 연루되지 않기 위해서였다. 그런 그가 즉위식을 마치고 마치 기다렸다는 듯 입을 열었다. 그것도 할아버지의 시신이 안치된 빈전 앞에서 말이다. "과인은 사도세자의 아들이다."라는 그의 선언은 자신이 비록 큰아버지 효장세자의 아들로 왕이 되었지만 결국 친부親父는 사도세자라는 것이었다. 이는 아들로서 아버지인 사도세자에 대해 모든 예를 다하겠다는 뜻이며, 또한 사도세자의 죽음에 연루된 대신들에게는 선전 포고와도 같은 발언이었다. 조선 역사 중 가장 드라마틱한 장면이 아닐 수 없다.

대신들이 대보 받기를 청하니 왕이 굳이 사양하다가 되지 않자, (중략) 왕이 눈물을 흘리며 억지로 받고서 다시 절을 하고, 자정문으로 나와 승여(乘輿, 임금의 가마)를 타고 숭정문에 이르러 승여에서 내리었다. (중략) 왕이 울먹이며 차마 어좌에 오르지 못하였다. 대신 이하가 또한 극력 청하자 왕이 울부짖기를, "이 어좌는 곧 선왕께서 앉으시던 어좌이다. 어찌 오늘 내가 이 어좌를 마주 대할 줄을 생각이나 했겠는가?" 하였다.
– 정조실록(1776)

즉위식을 마친 임금께서 빈전 문 밖에서 대신들을 만나 명을 내리니 "과인은 사도세자의 아들이다. 선대왕께서 맏아들의 혈통의 중요함을 위하여 나에게 큰아버지 효장세자를 이어받도록 명하셨거니와, 아! 내가 이전에 선대왕께 올렸던 '근본을 둘로 하지 않는 것'에서도 나의 뜻을 알 수 있을 거라 믿는다. 예만큼 사람의 정도 중요한 것이니, 돌아가신 사도세자에 관한 제사는 마땅히 큰 어른으로서 제사하는 예법에 따라야 한다." 하였다.
– 정조실록(1776)

자정전

정조의 즉위식이 거행되었던 숭정문과 숭정전

🦀 두 곳의 숭정전

숭정전은 일제 강점기인 1926년 지금의 중구 필동에 있는 일본 조계사로 이전되었는데 광복 이후 동국대학교가 이 땅을 사들이면서 숭정전은 지금 동국대학교 내 법당으로 남아 있다. 법당이 된 숭정전 안에는 어좌 대신 부처상이 있다. 1980년대 경희궁 복원 사업 차원에서 이전하고자 했으나 건물이 너무 낡아 옮길 수 없다는 결론이 났다. 지금의 숭정전은 1990년대 들어 새로 복원된 전각이다. 결국 지금 서울에는 두 곳의 숭정전이 있는 셈이다.

자객 난입 사건 – 경희궁 존현각

즉위식 날 아버지 사도세자를 언급한 정조의 발언은 노론 강경파를 긴장시키기에 충분했다. 그러던 중 전대미문의 사건이 발생했다. 임금이 있는 내전에 자객이 침입한 것이다. 이 사건을 정유역변丁酉逆變(1777년)이라 부른다.

당시 정조는 세손 시절부터 이용한 경희궁 존현각에서 글을 읽고 있었다. 나중에 조사해 보니 당시 사도세자의 죽음에 연루되어 귀양을 가게 된 홍술해의 아들 홍상범 일파가 정조에게 불만을 품고 벌인 사건으로 밝혀졌다. 정조를 쫓아내고 정조의 배다른 동생인 은전군을 왕으로 앉히려는 시도였다. 실록에는 당시의 상황이 자세히 묘사되어 있다.

새로운 세상을 꿈꾼 군주와 학자들
– 창덕궁 후원 주합루(규장각)

정조는 즉위와 동시에 창덕궁 후원의 초입에 규장각을 설치했다. 규장각은 역대 제왕들의 어필御筆, 귀중한 책과 문서를 모아 보관하는 곳이다. 원래는 숙종의 명에 의해 만들어졌으나 구실을 제대로 하지 못하다가 정조 때 부활했다.

정조가 규장각을 세운 가장 큰 이유는 자신의 세력을 양성하기 위해서였다. 이는 집현전 학자들이 세종의 힘이 되어준

늘 밤이면 임금은 존현각에서 독서를 하는데, 이날 밤에는 숙직하는 호위 군사들이 아무도 없었다. 그런데 갑자기 발자국 소리가 회랑 위를 따라 은은하게 울려왔고, 임금의 계신 방쯤에 와서는 쟁그랑거리는 기와 던지는 소리가 들렸다. 임금이 친히 궁인들을 불러 횃불을 들고 방 위를 수색하도록 했었는데, 기와쪽과 자갈 등이 이리저리 흩어져 있는 것이 명백한 도둑의 흔적이었다. 도승지 홍국영이 말하기를 "이는 필시 흉얼들이 해치려는 마음을 품고서 몰래 변란을 일으키려고 도모한 것입니다. 고금천하에 어찌 이러한 변고가 있을 수 있겠습니까? 그가 나는 새나 달리는 짐승이 아니라면 결단코 궁궐 담장을 뛰어넘게 될 리가 없으니, 청컨대 즉각 대궐 안을 두루 수색하게 하소서." 하니, 임금이 그것을 옳게 여겼다.
– 정조실록(1777)

규장각을 창덕궁 후원의 북쪽에 세우고 직제학 등 관원을 두었다. 남쪽에는 봉모당이었는데, 선대왕의 어필, 어화(御畫) 등을 봉안하였다. 또 북쪽으로 꺾어 개유와를 만들었는데 중국본 도서와 문적을 간직하였고, 서쪽에는 이안각인데 이곳은 어진, 어제, 어필을 포쇄(曝曬, 햇볕에 말림)하는 곳으로 삼았으며, 서북쪽의 서고(庫)에는 우리나라 도서와 문적을 간직하였다.
– 정조실록(1776)

것과 비슷하다. 정조는 젊은 규장각 학자들을 키워 자신이 꿈꾸는 개혁을 이루려 했다.

정조가 왕이 되었을 때 세상은 많은 변화를 맞이하고 있었다. 특히 서양에서는 **산업혁명으로 상업이 발달하면서 자본주의 개념이 생겼고,** 상인 계층의 성장으로 전통적인 신분제도가 붕괴되기 시작했다. 즉 상업의 발달과 신분제의 변화는 봉건사회가 근대로 변하는 신호라 할 수 있다. 정조는 서얼 출신까지 등용의 폭을 넓혔고 이들이 규장각에서 마음껏 연구하도록 지원을 아끼지 않았다.

규장각은 정조가 꿈꾸는 세상을 실현시켜 줄 인재들이 모여 있는 곳이었다. 박제가, 유득공, 정약용 등의 조선 후기 기라성 같은 실학자들은 모두 정조 시대 발탁된 인재들이다. 이 중 가장 대표적 인물이 다산 정약용이다. 10년 터울인 정조와 다산은 임금과 신하이자 마음을 나누는 친구와도 같았다. 정조는 규장각 옆 춘당대에서 실시한 과거시험에서 정약용을 발탁했다.

창덕궁 후원의 연못인 부용지 앞쪽에는 정자인 부용정이 있고, 뒤쪽으로는 2층 규모의 규장각과 어제각, 봉모당, 개유와, 이안각 등 주변의 부속 건물들이 위치해 있다. 특히 규장각의 정문인 어수문에는 규장각 학자들을 대하는 정조의 마음이 그대로 담겨 있다.

어수魚水는 유비가 자신이 제갈량과 가까이 지내는 것에 불만을 품은 관우와 장비에게 한 말에서 유래되었는데, "나에게 공

임금이 이르기를, "하늘이 인재를 냄에 있어 문벌을 가리지 않는데, 서얼로서 급제한 자들은 모두 궁핍한 생활을 면하지 못한다. 우리나라 사람들의 도량이 좁아져 이제 남의 출세를 막는 버릇이 있다. 비록 이런 풍습을 다 없앨 수는 없으나 인물을 끝내 버릴 수 없으니 융통성 있게 처리하는 것이 이치에 맞다." 하였다.
– 정조실록(1788)

춘당대에 거둥하여 도기 유생들에게 제술 시험을 보여 제술에 장원한 생원 정약용에게 전시에 응시할 수 있는 자격을 주었다.
– 정조실록(1789)

정조의 꿈을 이룰 이들이 학문을 연구했던 후원 주합루(규장각) 일대

명이 있는 것은 물고기에게 물이 있는 것과 같다."는 '수어지교水魚之交'에서 유래했다. 규장각 학자들에게 정조는 물고기가 머물 수 있는 물과 같은 존재였던 것이다. 이곳에서 정조는 학자들과 함께 밤새 연구를 했을 것이고, 때로는 부용정에서 술잔을 돌리며 회포를 풀기도 했을 것이다.

🁢 후원의 기능

모든 궁궐의 북쪽으로는 왕실의 정원이라 불리는 후원(後苑) 영역이 있다. 후원은 금원(禁苑) 또는 북쪽의 정원이라는 뜻으로

후원에서 꽃구경을 하고 부용정의 작은 누각으로 거동하여 부용지(연못)에 가서 낚싯대를 드리웠다. 여러 신하들도 못가에 빙 둘러서서 낚싯대를 던졌는데, 상이 낚시로 물고기 네 마리를 낚았으며 신하들과 유생들은 낚은 사람도 있고 낚지 못한 사람도 있었다. 한 마리를 낚아 올릴 때마다 음악을 한 곡씩 연주하였는데, 다 끝나고 나서는 다시 못 속에 놓아 주었다. 밤이 되어서야 자리를 파했다.
– 정조실록(1795)

정조가 정약용을 발탁한 춘당대

임금이 후원의 임정(林亭)에서 사신들에게 잔치를 베풀었다.
－ 태종실록(1401)

임금이 후원에서 몸소 금군(禁軍, 궁궐을 지키고 임금을 호위하는 군대)을 사열하였는데, 장수에게 명하여 이를 통솔케 하였다.
－ 세조실록(1457)

임금께서 농사가 힘든 일임을 알고자 후원에다 작은 논을 개간하였다. 여러 신하를 돌아보시며 이르기를, "농사는 나라의 근본이 되고 음식은 백성의 하늘이 되니, 내가 감히 농사 짓는 일을 버리겠는가? 경들과 더불어 하늘의 명을 받들어 그 뜻을 백성에게 알릴 뿐이다." 하니, 여러 신하가 함께 머리를 조아렸다.
－ 세조실록(1459)

북원(北苑)이라 부른다.

후원은 단순히 왕실 가족들의 휴식 공간만은 아니었다. 때로는 왕이 직접 군사 훈련을 지휘하는 장소로, 때로는 작은 논을 만들어 왕이 직접 한 해 농사를 판단하는 장소로, 때로는 왕이 직접 과거시험을 주관하는 장소로도 활용되었다. 특히 창덕궁의 후원은 500년간 산림이 잘 보존된 곳으로 자연 지형 등 본래의 모습은 그대로 유지하면서 꼭 필요한 전각들만 세워 조선의 정원 특징을 가장 잘 보여준다.

조선 정원의 특징을 잘 보여주는 창덕궁 후원(관람지 일대)

문효세자를 향한 마음 – 창덕궁 승화루, 중희당

정조의 개인사는 그의 정치사만큼이나 드라마틱하다. 정조의 정비인 효의왕후는 성품이 온화하고 중궁으로서의 자질이 충분한 여인이었으나 불행히도 자식이 없었다. 정조는 어려서 할아버지와 아버지의 불화를 직접 목격했다. 그러다 보니 자신의 아들만큼은 절대 부자간의 갈등 없이 키우고 싶었을 것이다. 이런 정조의 마음이 통했을까. 드디어 그에게 아들이 생겼다. 승은을 입은 궁인 성씨가 아들을 낳은 것이다.

1782년 실록에 적힌 "내가 비로소 아비라는 호칭을 듣게 되었다."라는 말에서 정조가 얼마나 아들을 보고 싶어 했는지 드러난다. 즉위 6년 만의 경사였다.

왕자가 탄생하였다. 임금이 말씀하기를, "궁인 성씨가 오늘 새벽에 아들을 순산하니 왕실이 이제부터 번창하게 되었다." 하니, 신하들이 경사를 기뻐하는 마음을 아뢰었다. 이에 임금이 이르기를, "비로소 내가 아비라는 호칭을 듣게 되었으니, 이리 다행스럽고 기쁜 날이 또 있겠는가!" 하였다.
– 정조실록(1782)

임금이 세자 저하의 스승들을 모
아 놓고 "모든 것은 처음 태어날
때에 달려 있다. 내가 경들을 신
중히 고른 것은 어찌 형식을 따
라서 숫자나 채우기 위해서 그렇
게 한 것이겠는가? 최선을 다해
지도해 우리 세자가 훌륭한 성군
이 될 수 있도록 노력하길 바란
다." 하였다.
– 정조실록(1784)

왕세자가 홍역의 증세가 있자,
의약청을 설치하라고 명하였다.
– 정조실록(1786년 5월3일)

왕세자의 환후가 갑자기 심해졌
다. 임금이 말하길 "내 차마 보지
못하겠다." 하였다.
– 정조실록(1786년 5월10일)

왕세자가 훙서하였다. 내의원이
"증세에 맞는 약제를 드리지 못
하고 결국 망극의 지경에 이르고
말았습니다." 하니 임금이 말하
길 "사람의 생과 사는 하늘에 달
렸는데 어찌 의약과 관계가 있겠
는가? 대죄하지 말라." 하였다.
– 정조실록(1786년 5월11일)

정조는 어린 아들을 위해 창덕궁 승화루 일곽에 큰 규모의
전각인 중희당을 짓고 원자궁으로 명한다. 그리고 세 살배기
원자를 세자로 책봉한다.

정조는 세자 교육에 최선을 다했다. 1784년의 실록을 보면
직접 아들의 스승들을 불러 심리적인 압박을 주기도 했다. 아
직 옹알거리고 있는 어린 세자였지만 그에 대한 기대가 얼마
나 컸을지 짐작이 가능하다.

창덕궁 중희당은 고종 연간 사라졌는데 지금은 부속 전각의
일부만 남아 있다. 다행히 동궐도를 통해 당시 중희당의 모습
을 자세히 볼 수 있다. 정조는 세자를 위해 넓은 앞마당에 풍기
대, 측우기, 혼천의 같은 과학 기구들을 설치해 주었다. 세종처
럼 과학을 사랑하는 성군이 되길 누구보다 기대했던 정조였으
니 그의 자식 사랑은 이 동궐도에 그대로 나타나 있다.

그런데 눈에 넣어도 아프지 않을 세자의 건강이 갑자기 악
화되기 시작한다. 조선시대의 홍역은 치명적인 돌림병이어서
사망할 확률이 매우 높았다. 결국 정조의 정성 어린 간호에도
불구하고 어린 세자는 짧은 생을 마감하고 만다.

아들을 떠나 보내며 – 창경궁 홍화문

자식을 먼저 떠나보낸 아버지의 마음을 어떤 말로 표현할 수
있을까. 왕실의 예법대로 세자의 장례를 치른 정조는 홍화문

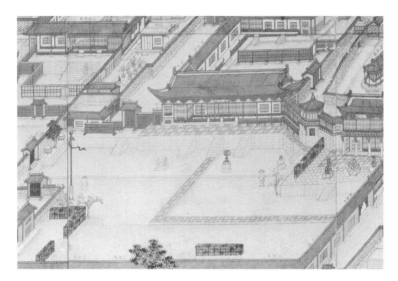

동궐도에 묘사된 중희당의 모습. 앞쪽으로는 정조가 문효세자를 위해 만들어 준 것으로 추정되는
각종 과학 기구들이 있다.

본당인 중희당은 사라졌지만 부속 건물들은 아직 남아 있다.

으로 나가는 자식의 마지막 모습을 지켜보았다. 이윽고 상여
가 창경궁에서 나가자 정조는 정문인 홍화문 밖에서 통곡했
다. 그리고 묘소까지 찾아가 아이의 마지막을 직접 챙겼다.

그런데 또다른 슬픔이 정조를 기다리고 있었다. 사랑했던 부
인인 의빈 성씨(세자의 모후)가 세자를 떠나보낸 지 얼마 되지
않아 급서하고 만 것이다. 당시 궐내에는 의빈 성씨가 독살당
했다는 소문이 무성했다. 그녀는 임신 중이었고, 노론 강경파
(벽파)와 정조의 갈등이 점점 심해지고 있을 때였으니 전혀 근
거 없는 소문은 아니었다.

정조는 사랑하는 부인을 아들 곁에 묻어주었다. 지금의 용산
구에 위치한 효창공원은 그들의 무덤인 효창원이 있던 곳이다.

🪦 창경궁의 홍화문과 옥천교

창경궁의 정문은 홍화문(弘化門)이다. 경복궁의 광화문, 창덕
궁의 돈화문처럼 역시 화(化)자 돌림이다. 같은 궁역인 창덕궁의
정문인 돈화문은 남쪽을 향하지만 특이하게 홍화문은 동쪽 방향
이다. 그 이유는 종묘로 인해 남쪽 공간이 부족한 반면에 동쪽으
로는 넓은 터가 있어 정문이 들어서기에 더 적합했기 때문이다.
지금이야 차도 건너 고층 빌딩이 즐비하지만 조선시대 홍화문
밖은 과거시험을 보거나 활 쏘는 장소 또는 임금이 백성들을 만
나는 장소로 활용되곤 하였다.

창경궁의 금천교는 옥천교라 부르는데, 1483년 성종 연간 만
들어진 다리가 지금까지 전해진다. 이곳 옥천교의 가장 큰 매력

정조가 사랑하는 아들과 부인을 떠나보낸 창경궁의 정문 홍화문

은 후원 영역에서 흐르는 자연수다. 경복궁도, 창덕궁도 모두 일
제 강점기에 물길이 끊겼지만 이곳 창경궁만은 여전히 맑은 물
이 흐르고 있다. 이 옥천교 위로 정조의 아들 문효세자와 사랑하
는 부인 의빈 성씨의 상여가 지나갔고 정조는 눈물로 그들을 전
별했다.

창경궁의 정문 홍화문과 옥천교

어머니를 위한 효성 - 창경궁 자경전

정조가 왕위에 오를 수 있도록 가장 큰 역할을 했던 인물은 다름 아닌 어머니 혜경궁 홍씨였다. 남편 사도세자가 죄인의 신분으로 죽은 후 그녀는 아들(세손)에게 할아버지 앞에서 절대 아버지의 일을 언급하지 말라는 교육을 시켰다. 비록 시아버지 영조가 남편을 죽인 장본인이지만 그녀는 영조만이 자신의 아들을 왕으로 만들어줄 수 있다는 사실을 잘 알고 있었다.

사실 법적으로 혜경궁 홍씨는 세손(정조)의 어머니가 될 수 없었다. 영조가 정통성 문제로 세손을 효장세자의 양아들로 입적시켰기 때문이다. 당시 영조는 그녀에게 혜빈惠嬪이란 빈호嬪號를 내렸다. 비록 남편(사도세자)이 죄인의 신분으로 죽었지만 시아버지는 여전히 며느리를 세자빈으로 인정해준 것이다.

아들 정조는 즉위 후 가장 먼저 어머니의 호칭을 높였다. 일반적으로 왕의 모후는 자전慈殿(어머니 자慈, 궁전 전殿)이란 칭호를 얻는다. 그러나 남편이 세자의 신분으로 죽었기 때문에 법적으로 자전은 불가능했다. 이때 정조는 궁여지책으로 자전보다 한 단계 낮은 자궁慈宮(왕세자가 왕위에 오르기 전에 죽고 왕세손이 즉위하였을 때, 죽은 왕세자의 빈을 이르던 말)이란 칭호를 올렸다. 할머니인 정순왕후(영조비)보다는 낮지만 자신의 부인인 중전보다는 높여 결과적으로는 대비에 준하는 자격을 부여한 것이다. 그리고 이때부터 사람들은 그녀를 혜빈 홍씨와 자궁慈宮을 합쳐 '혜경궁 홍씨'라 불렀다.

자경당이 완성되었다. 자경당은
임금이 혜경궁(惠慶宮)을 위하여
지었는데 , 하교하기를, "소자(小
子)가 아침저녁 모시기 편리하게
하기 위해 이렇게 새로 짓는 것
이니 절대로 크고 사치스럽게 하
지 말아서 검소하게 하려는 어머
니의 뜻을 우러러 본받도록 하
라." 하였다.
– 정조실록(1777)

자신보다 자식을 위해 살아온 어머니의 은혜를 누구보다 잘
아는 아들 정조는 창경궁에 '자경당'이란 건물을 지어 바쳤다.
원래는 왕실 어른이 사는 집이기 때문에 가장 높은 지위인 전
殿이 붙어야 하나 공식 지위는 세자의 빈이었기 때문에 전보다
낮은 당堂이 붙은 것이다. 자경당은 창경궁의 가장 높은 언덕에
위치한다. 그 이유는 자경당에서 창경궁 동쪽(지금의 서울대학
교 병원)에 있는 남편의 사당(경모궁)이 보이기 때문이다.

정조는 문안 인사드리는 것을 하루도 거르지 않고, 혹여라도
어머니 혜경궁이 아프면 직접 탕약을 올리고, 고약까지 붙여

자경전에서 바라본 영춘헌(정조의 침전)

동궐도에 그려진 자경전의 모습

췄다고 한다. 심지어 자신의 처소를 자경전에서 내려다 보이는 영춘헌迎春軒으로 옮기기까지 했다. 헌軒은 전殿이나 당堂의 부속 건물로 임금의 침전이 될 수 없으나 정조는 기꺼이 이곳에서 생활을 했다. 혜경궁이 자신의 인생을 돌아보며 지은《한중록閑中錄》에서는 서로를 의지하며 아끼던 모자의 상황이 자세히 기록되어 있다.

현재 자경전(자경당은 훗날 자경전이 됨)은 터만 남아 있다. 1911년 일본인들이 자경전을 헐어버리고 이곳에 일본식 건물을 지어 박물관, 서고 등으로 사용했기 때문이다. 다행히 1992

"주상이 없으면 어찌 지금의 내가 있고 내가 없었으면 어찌 지금의 주상이 있었겠는가. 우리 모자 두 사람이 서로 근심하며 의지하였다. 혹 내가 조금만 아프면 수라도 거른 채 손수 탕약을 올리고 고약을 붙였다. 옆 사람에게조차 이 일을 맡기지 않으셨다. 비록 모자 사이지만 내 감격한 마음을 어찌 말로 표현하겠는가."
– 한중록(1795~1805)

자경전 터

년 들어 철거되었지만 아직까지 자경전은 제 모습을 되찾지 못하고 있다. 그나마 동궐도를 통해 자경전의 모습을 살펴볼 수 있는데, 전각의 규모가 상당하다. 어머니를 위한 정조의 효심이 그대로 반영된 규모가 아닌가 싶다. 비록 지금은 터만 남아 있지만 이곳에서 매일 어머니에게 문안 인사를 드렸을 정조의 모습이 그려진다.

건물의 호칭과 지위

궁궐 내 전각의 이름에는 어느 정도 지위가 부여된다. 끝이 큰 집을 뜻하는 전(殿)이나 당(堂)이라면 규모가 웅장하고 그에 맞는 품위를 갖춘 건물로 왕실 가족들의 공간이다. 합(閤)이나 각(閣)으로 끝나는 건물은 보통 전(殿), 당(堂)의 부속 건물이거나 그보다는 규모가 작은 단독 건물일 확률이 높다. 다음으로는 재(齋)와 헌(軒)이 있는데, 재(齋)는 왕실 가족들의 휴식이나 주거 공간 중 규모가 단출한 건물이나 서재 역할을 했던 건물이다. 마지막으로 루(樓)와 정(亭)으로 끝나는 누각과 정자는 휴식 공간으로 활용되었다.

정조의 자신감 – 창덕궁 후원 존덕정

정조 시대가 조선의 르네상스기라 불리는 이유는 조선 전기 세종 대의 찬란했던 문화 전성기를 다시 이루었기 때문이다. 그러나 정조와 세종은 시작부터 달랐다. 세종은 아버지인 태종이 자신에게 정치적 부담을 줄 수 있는 세력들을 모두 제거해준 반면, 정조는 즉위한 순간부터 노론 강경파(벽파)와 정쟁을 벌여야 했다. 오늘날의 정치로 비유하자면 대통령만 바뀌었을 뿐 거대 야당이 다수석을 차지하고 있고, 국방부 등 행정부 대부분의 관료들조차 야당과 인맥을 형성하고 있는 상황이라 생각하면 된다.

당시 병조 판서 구선복은 아버지 사도세자가 갇힌 뒤주를 지키는 포도대장이었는데, 야사에 의하면 뒤주 옆에서 밥과 술을 먹으며 세자를 희롱했다고도 전한다. 구선복은 1786년 반란죄로 처형되었는데, 그에 대한 정조의 분노는 1792년 실록에 그대로 표현되고 있다. 왕 스스로가 살점을 씹어먹어도 부족함이 없다라는 표현을 할 정도라면 당시 노론 강경파(벽파)의 위세가 어느 정도였는지 구구절절 느껴진다.

하지만 가만히 있을 정조가 아니었다. 그는 자신의 측근 부대인 장용영壯勇營을 만들어 규모를 확대해가며 군권을 장악하기 시작했다. 그 절정이 바로 화성행차였다. 아버지 사도세자의 능을 화산(지금의 경기도 화성)으로 옮기고 인근에 성곽(수원화성水原華城)을 축조해 어머니 혜경궁 홍씨와 함께 방문하는 대대적인 행사를 벌였다. 창덕궁에서 출발해 화성까지 가는 행차는 참가 인원과 관련자의 수가 6천 명에 달했으니 이는 왕이 군사권과 재정권을 장악하지 않고는 불가능한 행사였다.

동시에 막후에서는 정적인 노론 벽파의 수뇌부들과 끊임없이 소통하며 자신의 정책을 이루어갔다. 특히 벽파의 수장 심환지와의 비밀 편지는 그가 얼마나 많은 노력을 했는지 잘 보여준다.

재위 20여 년 만에 자신의 뜻대로 정국을 이끌어갈 수 있게 된 정조는 자신감을 얻었다. 그의 자신감은 1798년의 자호自號(스스로 붙인 호)인 '만천명월주인옹萬川明月主人翁'에서도 잘 드러난다. 이는 '달빛이 만 개의 시내를 비추듯 만백성에게 임금의 은혜가 닿기를 바라는 마음'을 뜻한다. 정조는 창덕궁 후원의 정자 존덕정에 위 교시를 현판으로 만들어 걸게 했다.

존덕정은 1644년 인조 연간 건립되었는데, 다른 정자와 달리 육각형의 이중 지붕으로 되어 있고 안과 밖으로 기둥이 세워져 있다. 내부는 마치 정전의 천장처럼 임금을 상징하는 황롱과 청룡이 화려한 단청 중앙에 장식되어 있다. 누가 봐도 강력한 왕권이 느껴지는 정자다. 정조의 교시 현판에는 한 자 한 자 지존의 자신감이 묻어 있다.

존덕정에 걸린 정조의 교시

☗ 창덕궁 후원 속 정조의 흔적

창덕궁 후원은 크게 세 영역으로 나누어 아름다운 풍광을 감상할 수 있다. 각각에 담긴 정조의 흔적을 따라가보자.

첫 번째는 초입에 있는 부용지 영역이다. 이곳에는 정조가 만든 규장각과 주변의 부속 건물들은 물론 측근들과 회합을 했던 정자인 부용정 등이 있다.

두 번째는 존덕정이 있는 관람지 영역이다. 원래 이곳은 작은 연못 두 곳이 있었지만 1900년대 들어 합쳐져서 하나의 연못이 되었다. 특히 그 모습이 한반도와 비슷하다고 해서 반도지라 불리기도 한다. 이곳 주변에서는 정조의 자신감이 깃든 존덕정을 비롯해 관람정, 폄우사, 승재정 등 다양한 형태의 정자들을 볼 수 있다.

육각형의 이중 지붕인 존덕정

창덕궁 후원 옥류천 영역

마지막으로 후원의 깊숙한 곳에 위치한 옥류천 영역이다. 한여름 시원하게 흐르는 작은 계곡(옥류천)을 중심으로 청의정, 태극정 등의 전각들이 모여 있다. 특히 옥류천 일대는 정조가 화성 행차 전 어머니 혜경궁을 모시고 예행 연습을 한 곳으로도 유명하다.

안타까운 성군의 죽음 – 창경궁 영춘헌

정조는 조선 국왕 중 가장 부지런한 군주로 꼽힌다. 군주가 부지런하면 백성이 편해진다는 진리를 실천한 왕이기도 하다. 그러나 개인적으로는 곡절이 많은 안타까운 삶을 살았다. 정조는 어린 나이에 아버지가 눈앞에서 죽어가는 모습을 보았고, 세손 시절 자신의 등극을 노골적으로 반대하는 세력들을 극복해야 했다. 왕이 된 후에도 끊임없이 자신의 발목을 잡았던 세력들을 때론 설득시키고 때론 강경하게 밀어붙이며 나라를 이끌어야 했다. 그런 와중에 자신의 부인과 어린 아들을 먼저 보내는 슬픔도 겪었다.

재위 20년이 넘어가면서 정조의 건강은 극도로 나빠졌다. 집권 말기 그의 몸 상태는 그가 심환지에게 보낸 어찰에도 잘 나와 있다. 결국 1800년 6월, 정조는 창경궁 영춘헌에서 생을 마감한다.

앞서 언급했듯 정조는 어머니 혜경궁 홍씨의 자정전 아래 위치한 작은 전각인 영춘헌에서 생활했다. 동궐도를 봐도 영춘헌은 규모도 규모지만 외형적인 면에서도 왕이 지내기에 적합하지 않은 전각이다. 심지어 실록에 나온 표현대로 그을음이 그대로 묻어 있는 곳이었으니 영춘헌은 검소했던 정조의 성품을 그대로 보여준다.

영춘헌은 원래 독립된 공간이었으나, 정조 사후 일어난 화재로 인해 다시 중건될 때는 집복헌과 함께 다른 행각 형태로 재

영춘헌

계시던 집도 겨우 몇 칸짜리에다 단청도 하지 않은 채 창문이나 벽에는 매연이 시꺼멓게 붙어 있어 관련 관청이 수리할 것을 청하면 왕은 말하기를, "내가 어찌 비용을 아끼려고 그러는 것이겠는가. 내 성품이 이것이 좋아서다." 하였는데, 경(經)에 이른바 "나라에 대하여는 부지런하고 집에 있어서는 검소했다." 한 것을 왕은 그대로 실천한 것이다.
– 정조대왕 묘지문(1800)

정조가 승하한 창경궁 영춘헌

건되었다. 일제 강점기에 왜곡된 건물은 2000년대 들어 복원되어 지금에 이른다.

만약 정조가 10년만 더 집권을 했다면 조선의 역사는 어떻게 바뀌었을까? 그의 갑작스런 죽음은 불행히도 많은 정치적 혼란을 야기하고 말았다.

"나는 갑자기 눈곱이 불어나고 머리가 부어오르며 목과 폐가 메마른다. 귓병과 치통, 눈병의 씨앗이 번갈아 통증을 일으키니 그 고통을 어찌 형언하겠는가? 나는 한시라도 가만히 있지 못한다. 독서라도 하고 활쏘기라도 해야 한다. 백성이 마음에 걸리고 조정이 염려되어 밤마다 침상을 맴도느라 날마다 늙고 지쳐가니 그 괴로움을 어찌 말할 수 있겠는가?"
– 정조어찰(1796~1800)

이날 오후 늦게 임금이 창경궁의 영춘헌에서 승하하였다.
– 정조실록(1800)

23
순조
조선의 마지막
희망이 사라지다

세도정치와 궁궐 화재

정조의 큰아들인 문효세자가 죽고 난 뒤 후궁인 수빈 박씨 사이에 태어난 아들이 옥새를 물려받으니 그가 조선 22대 임금 순조다. 당시 순조의 나이는 고작 10살이었고, 증조할머니였던 정순왕후의 수렴청정이 시작되었다.

정순왕후는 영조의 나이 66세 때 15세의 나이로 왕비에 책봉된 인물로 심지어 영조의 아들인 사도세자와 며느리인 혜경궁보다 10살이나 어렸다. 정치적으로는 노론 강경파에 가까워 정조와는 대척점에 있다 보니 정조 관련 드라마에서는 늘 악역을 담당하는 인물이기도 하다. 순조가 창덕궁 인정전에서 즉위한 당일 정순왕후는 편전인 희정당에서 수렴청정을 허락했다.

안동 김씨 가문 출신인 정순왕후의 수렴청정은 세도정치勢道政治의 시작을 알렸다. 세도란 왕의 신임을 얻은 특정 집안이나 인물이 강력한 정치적 권세를 잡고 나라를 다스리던 비정상적인 정치 형태를 말한다. 나라 안팎이 어수선해졌고, 그래서인지 순조 때는 궁궐 내 화재가 끊이질 않았다. 마치 명종 연간 문정왕후의 폭거와 사화士禍 등으로 정국이 어수선할 때 경복궁에 대화재가 발생한 것처럼 순조 대에도 정순왕후를 중심으로 하는 세도정치의 혼란기 속에 창덕궁과 경희궁에 연이은 화재가 발생했다.

임금이 면복을 갖추고 빈전에 나아가 대보(大寶)를 받고 나와서 인정문으로 나아가 즉위한 다음 대왕대비를 모시고 수렴청정의 예를 희정당에서 행하였는데, 대신과 여러 신하들이 임금의 나이가 아직 어리다는 이유로 대왕대비가 수렴하고 함께 청정할 것을 청하였는데, 일곱 번 청하기에 이르러서야 비로소 마지못하여 허락하였다.
– 순조실록(1800)

인정전이 불탔다. 선정전 서쪽 행각에서 불이 일어나 인정전까지 연소된 것이니 궁성을 호위하라고 명하였다. 임금이 말하기를, "선왕의 정전(正殿)이 이렇게 모두 불에 타 있으니, 황공하고도 두려운 마음을 견줄 데가 없다." 하였다.
– 순조실록(1803)

효명세자의 공부방 - 창덕궁 성정각

원자(元子)가 창덕궁 대조전에서
탄생하였다.
- 순조실록(1809)

왕세자가 사부에 대한 상견례
를 성정각에서 행하였다. 하교
하기를, "수업의 장소는 내일
부터 관물헌으로 정하고, 책자
는 《천자문(千字文)》으로 정하
라." 하였다.
- 순조실록(1813)

부정부패가 만연해진 상태에서 기근과 민란, 심지어 이양선의
출몰까지 이어져 민심은 점점 더 흉흉해졌다. 이런 내외적인
악재는 순조의 집권 의지를 많이 약화시켰다. 그러나 그에게
도 희망은 있었으니 바로 원자의 탄생이었다.

순조는 모든 위기를 헤쳐나갈 적임자는 자신이 아닌 아들이
라 생각했고 세자 교육에 온 열정을 쏟았다. 태어난 지 4년밖
에 안 된 어린 세자는 천자문 수업을 받기 시작했다.

당시 창덕궁의 동궁 영역에는 세자의 생활 공간인 중희당과
학습 공간인 성정각, 관물헌이 있었다. 지금 중희당은 사라졌

세자의 교육 장소였던 성정각

지만 다행히 성정각과 관물헌은 그대로 남아 있다.

⛩ 내의원이 된 창덕궁의 동궁

경복궁의 비현각이 세자가 공부를 하던 곳이라면 창덕궁에서는 성정각과 부속 건물 격인 관물헌이 그 역할을 맡았다. 그런데 동궁인 성정각의 남쪽 행각에는 뜬금없이 '보호성궁(保護聖躬)', '조화어약(調和御藥)'이란 현판이 걸려 있다. '보호성궁'은 '임금의 몸을 보호한다', '조화어약'은 '임금이 드시는 약을 조제한다'는 뜻이다. 이는 1907년 순종 황제가 창덕궁으로 이어하면서 대전과 가깝다는 이유로 원래 동궁이었던 이곳을 약방으로 만들었기 때문이다. 지금도 이곳 성정각 뜰에서는 당시 사용했던 약 빻는 절구를 볼 수 있다.

순종 연간 내의원으로 사용되었던 성정각 앞 전각. '보호성궁'이란 현판이 붙어 있다.

효명세자가 공부를 했다는 기오헌(의두합). 뒤의 언덕을 넘으면 규장각이 나온다.

효명세자의 서재 - 창덕궁 의두합(기오헌)

—
왕세자에게 대리청정을 명하였
다. "내가 신미년(1811년) 이후
부터는 건강으로 인해 정무가
진행되지 않는 경우가 많았으
니, 내 스스로도 근심하는 바이
다. 다행히 세자는 총명하고 영
리하며 나이가 점차 장성하여 가
니 (중략) 이는 나라와 백성의 복
이다. 조정에 나와 있는 여러 사
람들에게 이를 고하니, 왕세자
의 청정(廳政)은 한결같이 을미
년(영조가 정조에게 대리청정을 명
한 해)의 조항에 의하여 거행하게
하라." 하였다.
– 순조실록(1827)

순조와 다르게 아들 효명세자는 강단도 있고 학문도 좋아하는
성군의 자질이 있었다. 세자의 나이가 18세가 되자, 순조는 기
다렸다는 듯이 대리청정을 명했다. 당시 순조의 나이 고작 38
세, 아직 젊은 나이였음에도 순조는 병을 핑계로 아들에게 정
권을 넘긴 것이다.

순조가 아들의 됨됨이를 본 일화가 있다. 어느 날 세자는 독
서를 위해 후원에 의두합이라는 작은 전각을 한 채 지었다. 단
청도 없고 규모도 너무 작아 결코 일국의 세자가 쓸 수 없는
전각이었다. 하지만 세자는 백성들의 세금으로 지어지는 전각

이 화려할 필요는 없다면서 이곳에서 학문을 익혔다고 한다. 그런데 부왕 순조가 주목한 것은 전각의 위치였다. 의두합 뒤쪽에 있는 계단을 따라 올라가면 아버지 정조가 세운 규장각이 나온다. 규장각은 정조가 내세운 개혁 정치의 상징과도 같은 곳이었다. 세자는 공부를 하면서 틈틈이 할아버지 정조가 만든 규장각에 들린 것이다.

당시 순조는 부왕인 정조가 완성하고자 했던 조선의 모습을 아들인 세자가 이룰 수 있을 것이라 생각했을지도 모른다. 의두합倚斗閤은 북두칠성에 의지한다는 뜻이다. 규장각의 규奎 역시 별, 북두칠성을 의미한다. 의두합은 현재 기오헌으로 이름이 바뀌었다.

예악 정치의 시작 – 창덕궁 연경당

부왕으로부터 정권을 받은 세자는 가장 먼저 약해진 왕권을 회복하기 위한 조치를 시작했다. 세자가 선택한 방법은 바로 예악禮樂 정치, 즉 왕실 행사를 통해 왕권을 강화하는 것이었다.

일반적으로 잔치를 하면 모든 신하들은 왕에게 충성을 맹세하는 절을 올리게 되는데, 세자는 행사를 통해 이런 분위기를 만들고자 했다. 대리청정 원년인 1827년에는 부왕인 순조와 중전의 존호尊號(재위 중인 군주와 그 일가에 붙이는 호칭)를 올리는 행사를, 1828년에는 중전의 40세 축하연을, 그리고 1829

연경당

년에는 즉위 30주년 경축 행사를 기획했다. 이런 예악 정치는 효명이 음악과 무용에 천재적 소질이 있었기 때문에 가능했다. 조선의 음악은 세종이 만들고 효명이 완성했다고 할 정도로 그는 타고난 무용가이자 음악가였다.

세자는 존호를 올리는 행사를 하기 위해 창덕궁 후원에 있던 진장각 터에 연경당이란 건물을 짓고 이곳에서 진작례(임금에게 술잔을 올리는 행사)를 행했다. 이후 연경당은 고종 연간 개보수가 이루어지며 지금까지 남아 있다. 연경당에서 효명은 자신이 만든 음악과 춤을 선보이며 부모님께 효孝와 충忠을 선물했다. 공연을 보는 내내 순조는 흐뭇한 미소를 지었을 것이다. 숲속에 위치한 연경당에 앉아 있으면 마치 그 향연에 참여

효명세자가 진작례를 행하기 위해 건립한 연경당

하고 있는 듯한 느낌마저 든다.

효명세자의 갑작스러운 죽음 – 창덕궁 희정당

효명세자는 왕권을 회복해 나가는 동시에 본격적인 인재 발굴을 통해 자신의 정치 세력을 만들어갔다. 특정 가문 출신이 조정의 요직을 차지하고 있던 당시, 그는 창덕궁 춘당대에서 직접 과거를 주관하고 인재를 뽑았다. 춘당대는 할아버지였던 정조가 자주 과거시험을 열었던 장소이기도 했다.

효명세자의 대리청정은 기존과는 차원이 달랐다. 부왕인 순조는 대부분의 결정권을 아들에게 일임했고, 심지어 자신의 편전인 창덕궁 희정당마저 세자에게 내어주었으니 이는 효명세자의 개혁 정치에 큰 힘을 실어주는 정치적 행위였다. 이렇듯 부왕의 후원을 등에 업은 세자는 거침없이 적폐 청산을 해나갔다.

세자의 대리청정 기간에 세상은 엄청난 변화를 겪고 있었다. 서양 열강들이 식민지 개척을 위해 중국, 일본 등 아시아 국가들의 문을 두드렸고 서양 문물은 물밀듯 쏟아졌다. 당시 세자의 측근 중 한 명이 바로 개화파의 선구자로 알려진 박규수였다. 박규수의 할아버지는 실학의 거두 연암 박지원이었으니, 효명은 대리청정 기간 박규수를 가까이 하며 개화에 대한 의견을 경청했다고 한다. 할아버지 정조의 측근들, 그들의 후손

왕세자가 문무과 과거를 춘당대에서 시행하여, 문과에서 유성환 등 42명을 뽑고, 무과에서 원경 등 2백 25명을 뽑았다.
– 순조실록(1828)

왕세자가 예조 판서 등에 명하기를, "근래에 재정을 담당하는 관청의 관리들이 도리를 잘하지 못해서 부정이 일어나니 어찌 한심스럽지 않겠는가? (중략) 이번 일로 엄하게 명을 내려 옛날의 습관을 통렬히 고쳐 다시는 멋대로 굴거나 모람된 폐단이 없도록 해야 한다. 만약 혹시라도 어김이 있으면 결단코 용서하지 않는다는 내용을 각 관청에 게시하고, 각별히 감독하여 경계시키도록 하라." 하였다.
– 순조실록(1830)

이 다시 효명과 연이 닿은 것이다.

그러나 조선 왕조의 국운은 거기까지였다. 대리청정 4년차
인 1830년, 세자의 건강은 극도로 악화되고 있었다. 대리청정
기간 과중한 업무와 스트레스 등이 원인이었다. 결국 왕세자
는 창덕궁 희정당에서 22세의 나이로 요절한다. 그가 훙서했
을 때가 외척 세력에 대한 개혁의 칼끝이 극에 달했을 때였기
때문에 많은 이들은 그가 독살당했다고 믿었다.

세자의 죽음에 가장 절망한 이는 아버지 순조였다. 아들을
통해 기울어져가는 왕조의 부활을 꿈꾸었지만 그 꿈은 결국
이루어지지 않았다. 순조는 아들의 시신 앞에서 하염없이 울
부짖었다.

할아버지 정조의 미완의 개혁을 완성할 수도 있었던 효명세
자, 약해진 왕권을 다시 세우려 치열하게 싸웠던 효명세자, 실
학 정신에 심취해 개항의 중심에 설 수 있었던 효명세자. 그러
나 불행하게도 그가 죽은 후 세도정치는 다시 부활하고 민생
은 더욱더 피폐해졌다. 그래서인지 많은 역사학자들은 그를
조선 왕조의 마지막 희망이었다고 말한다. 희정당 안에서 죽
음과 사투를 벌였던 세자의 모습을 상상하니 안타까움에 탄식
이 절로 나온다.

효명세자가 생을 마감한 창덕궁 희정당

24
현종

미완의 문예 군주

세도정치와 천주교 박해 - 창덕궁 중희당

효명세자의 죽음 이후 순조는 무기력증에 빠져 국왕으로서의 책무를 다하지 못했고 결국 경희궁 회상전에서 승하한다. 다행히 죽은 효명세자의 아들이 있었기 때문에 순조의 옥새는 8살 세손에게 넘어갈 수 있었다. 그가 조선 24대 임금인 헌종이다.

할아버지 순조가 경희궁에서 승하했기에 헌종은 경희궁의 정전인 숭정문에서 즉위식을 거행했다. 단종이 12살에 즉위를 했으니 헌종은 조선 왕조 역사상 최연소 임금이라 할 수 있다. 왕이 아직 어렸으므로 할머니 순원왕후 김씨(순조비)의 수렴청정이 시작되었다.

즉위와 동시에 왕대비는 경희궁 흥정당에서 수렴청정의 예를 행했다. 그러나 불행히도 1800년 순조의 등극으로 시작된 안동 김씨 가문의 세도정치는 헌종 대에 이르러 절정에 이르게 되었고, 나라는 더욱 깊은 혼란 속으로 빠져들고 만다. 400년이 넘게 이어온 왕조 역사가 일개 가문에 의해 좌지우지되었던 것이다.

헌종은 경희궁에서 즉위했지만 이후 창덕궁으로 이어해 중희당을 중심으로 정사를 보았다. 중희당은 아버지 효명세자가 지냈던 곳이기도 하다.

헌종의 시대는 서양 문물이 급격히 몰려드는 시기였다. 이미 정조 연간 민간에 퍼지기 시작한 천주교는 헌종 시대에 들어

임금이 경희궁 숭정문에서 즉위하였다. 왕대비를 받들어 수렴청정의 예를 흥정당에서 행하고, 조하(朝賀)를 받은 다음 교서를 반포하고 대사면을 베풀었다.
– **헌종실록(1834)**

더욱더 대중화되었다. 이를 막으려는 조정의 박해에 많은 이들이 목숨을 잃었다. 기득권자인 양반 사대부들에게 평등 사상을 강조하는 천주교는 절대 받아들일 수 없는 사상이며 종교였다. 그래서 조선의 천주교는 주로 평민들 사이에 퍼지며 대중화되기 시작했다.

한국 최초의 가톨릭 신부인 김대건이 활동한 것도 이 시기였다. 1837년 마카오에 도착한 그는 신학을 공부했고 조선으로 돌아와 선교 활동을 했다. 김대건은 천주교와 서양 문물의

일부 부속 건물만 남은 중희당 터. 이곳에서 김대건의 처형이 결정되었다.

상징처럼 여겨졌고, 그러다 보니 그는 조정에서 제거해야 할 1순위 인물이 되고 만다. 1846년 실록의 내용처럼 조선 최초의 신부 김대건의 운명은 이곳 중희당에서 결정되었다. 김대건은 1846년 새남터(지금의 용산구 이촌동)에서 순교한다.

조선 왕실과 사대부들의 가혹한 천주교 박해는 천주교에 대한 사상적 이질감도 있었겠지만, 천주교를 핑계로 적을 외부로 돌려 사회의 불만을 감추려는 정치적 의도도 숨겨져 있다. 위정자들은 위기가 오면 늘 공공의 적을 만들어 시선을 돌려왔다. 이렇듯 헌종 시대는 세도정치로 쌓인 적폐의 부작용이 사회 곳곳에 나타나는 위기의 시대였다.

미완의 문예 군주 헌종 – 창덕궁 낙선재

헌종에게는 중전(효현왕후)이 있었으나 1843년 그녀는 16세의 나이에 승하한다. 게다가 계비인 효정왕후는 궁에 들어온 지 3년이 되었음에도 후사가 없었다. 그러자 대왕대비는 후궁 간택령을 내리게 되는데 임금의 나이가 스무 살이 넘었음에도 아들이 없으니 할머니인 순원왕후의 걱정은 이만저만이 아니었다. 이때 간택된 이가 경빈 김씨이다.

후궁은 보통 궁인들 중에 성은을 입은 이들이 되는 경우가 많기 때문에 정식 간택령을 내리는 경우가 드물다. 게다가 그 지위 역시 종4품에 해당하는 숙원부터 시작해 소원, 숙용, 소

중희당에서 임금이 말하기를, "불랑국(佛朗國, 프랑스)의 글을 보았는가?" 하자, 영의정이 말하기를, "과연 보았는데, 거기에는 민심을 혼란케 하는 뜻이 있었습니다. 이것은 이른바 영길리(英吉利, 영국)와 함께 모두 서양의 무리입니다." 하였다. 임금이 말하기를, "김대건의 일은 어떻게 처치할 것인가?" 하자, 권돈인이 말하기를 "김대건의 일은 한 시각이라도 용서할 수 없습니다. 스스로 천주교에 의탁하여 인심을 속여 현혹하였으니, 그 한 짓을 밝혀 보면 오로지 의혹하여 현혹시키고 선동하여 어지럽히려는 술책에서 나왔습니다." 임금이 말하기를, "처분해야 마땅하다." 하였다.
– 헌종실록(1846)

대왕대비가 빈청에 교지를 내리기를, "5백 년 종사의 운명이 오직 주상 한 몸에 있는데 춘추가 점점 한창 때가 되어 가도 자손의 경사가 아직 늦도록 없다. (중략) 선비 집안 가운데에서 처자를 가려 후궁을 간택하고자 한다.
– 헌종실록(1847)

김씨를 경빈으로 책봉하였다. 주부(主簿) 김재청의 딸이다.
– 헌종실록(1847)

용, 숙의, 소의, 귀인 그리고 정1품의 빈으로 오르지만 간택을 통해 후궁이 된 김씨의 경우는 바로 최고 지위인 빈으로 책봉되었다.

경빈 김씨는 헌종의 사랑을 많이 받았다고 한다. 전해 내려오는 이야기에 의하면, 계비 간택 당시 헌종은 후보자 중 한 명이었던 김씨를 마음에 들어 했으나 정작 계비는 다른 후보자(효정왕후)가 되었다. 간택의 권한은 할머니에게 있었기 때문이다. 그리고 3년 후 후궁 간택령이 내려졌을 때 비로소 김씨는 정식 후궁으로 책봉될 수 있었다.

헌종은 경빈 김씨를 아주 가까이 했으며 심지어 창덕궁 동남쪽 터에 낙선재와 석복헌을 지어 자신과 김씨의 처소로 사용했다. 또한 석복헌 옆으로 원래부터 있었던 수강재를 수리해 할머니인 대왕대비의 처소로 삼았다. 이는 경빈 김씨에게 힘을 실어주는 정치적 배려이기도 했다.

수강재를 대왕대비전으로 삼은 이유는 역사에서도 찾을 수 있는데, 수강재는 원래 태종이 세종에게 옥새를 넘기고 살았던 수강궁 터에 지어진 건물이다. 그 뒤 성종은 수강궁에 할머니인 세조비 정희왕후를 모셨다.

이곳 전각들의 특징은 단청이 없다는 점이다. 헌종의 문집인 《원헌고元軒稿》의 기록을 보면, 낙선재 상량문에 붉은 흙을 바르지 않음은 규모가 과하지 않게 하기 위함이고 화려한 서까래를 놓지 않음은 소박함을 앞세우는 뜻을 보인 것이라 적혀 있다. 전형적인 사대부 집의 형태를 띤 낙선재는 헌종의 아버지 효명세자가 할아버지 순조를 위해 지은 후원의 연경당과 비슷한 구조와 형식을 취한다.

헌종은 낙선재를 자신의 공간인 사랑채로, 석복헌을 안채로 사용했다. 낙선재 뒤로는 승화루 등 서책을 보관하는 공간이 있는데, 문예를 좋아했던 헌종은 이곳에 많은 작품들을 모았다. 《승화루서목承華樓書目》(승화루에 보관된 서화 등을 기록한 책)에는 책이 총 3,742책이며 서화가 총 665점 있었다고 전한다. 헌종이 문예에 관심이 많았던 것은 어쩌면 집안 내력일 수도

헌종이 많은 서화를 수집, 보관했던 장소인 창덕궁 승화루

있다. 음악적 재능이 뛰어났던 아버지(효명세자)와 문예 군주인 증조 할아버지(정조)의 피를 이어받았으니 충분히 설득력 있는 이야기다.

헌종은 당시 귀양살이를 하고 있던 추사 김정희를 사면했고 그의 제자인 화가 허련을 낙선재로 불러 작품을 감상하기도 했다. 실제로 허련은 자신의 기록인《소치실록小癡實錄》에 헌종의 배려로 급제한 이야기를 적고 있다. 낙선재 속 추사의 흔적은 곳곳에서 찾아 볼 수 있는데, 낙선재 편액은 추사와 교류했던 청나라 문인 섭지선(1779~1863)의 글씨이고, 정문인 장락문 편액은 추사의 제자였던 홍선군의 글씨로 알려져 있다.

이곳 낙선재의 풍미는 뒤쪽으로 조성된 아담한 후원이다. 단청 없이 단조로운 본채에서 바라보는 뒤쪽 화계는 아름다움을 더한다. 화계 위에는 상량정, 한정당 등의 건물이 있는데, 둥근 형태의 만월문에서 바라보는 상량정의 풍광은 한 폭의 그림과도 같다. 전돌 하나 하나에 경빈 김씨에 대한 헌종의 마음이 고스란히 담긴 듯하다.

하지만 사랑하는 부인과 함께 낙선재에서의 삶을 꿈꾸었던 헌종의 행복은 오래가지 못했다. 경빈 김씨에게는 자식이 없었고, 헌종은 1949년 23살의 젊은 나이로 창덕궁 중희당에서 승하한다. 이후 경빈 김씨는 궁을 나와 지금의 안국동 인근에서 살았으며, 1907년 77세의 일기로 생을 마감했다.

하교하기를, "이목연, 조병현, 김정희(金正喜)를 석방하라." 하였다.
– 헌종실록(1848)

헌종의 삶이 스며 있는 낙선재. 현판은 추사와 교류했던 청나라 서예가 섭지선의 것으로 알려져 있다.

🦌 동궐도에 낙선재가 없는 이유

밤 4경에 낙선당에서 불이 났는데, 낙선당은 곧 왕세자가 있는 정당(正堂)이었다.
– 영조실록(1756)

현재 낙선재가 있는 곳에는 세자의 생활 공간이었던 낙선당이 있었다. 창덕궁의 동궁 영역은 성정각부터 중희당, 낙선당 그리고 현재의 창경궁 영역인 춘방, 계방으로 이어진다. 하지만 낙선당은 영조 연간 화재로 소실되었다.

전소된 낙선당은 이후 재건되지 않았다. 그 터에는 과수나무가 심어졌고, 정조 연간에 낙선당 위쪽 터에 중희당을 신축하게 된다. 그러다 보니 1830년대 순조 연간 제작된 동궐도에는 낙선재가 빈터로 묘사될 수밖에 없었다. 이후 헌종은 주로 중희당에서 정사를 살폈고, 경빈 김씨를 만난 이후 중희당 아래 빈터(과수나무 터)에 새롭게 낙선재와 수복헌을 신축한다. 당시 수강재는 동궐도에 있는 것으로 보아 기존 건물을 개축한 후 할머니 순원왕후를 위한 공간으로 활용한 것으로 보인다.

25
철종

강화도령,
왕이 되다

철창 없는 감옥 – 창덕궁 대조전, 경훈각

후사 없는 임금의 승하는 또 다른 혼돈을 가져오기 마련이다. 당시 왕실의 웃어른은 순조의 비이자 헌종의 할머니인 순원왕후였다. 23세의 젊은 나이에 후사 없이 승하한 헌종의 뒤를 이을 인물을 찾아야 했던 그녀는 정조의 배다른 동생인 은언군의 손자를 주목했다.

은언군은 정조 대에 역모를 꾸몄다는 혐의로 강화도로 유배를 갔다가 사사당했으나 아들인 전계군은 다행히 풀려나 한성으로 돌아온 뒤 1831년 아들 이원범을 낳았다. 그 후 1844년 이원범의 가족은 또다시 역모에 휘말려 강화도로 유배되고, 그는 형과 함께 농사를 지으며 살게 되었다. 이런 이원범에게 순원왕후는 다음 왕위를 잇게 했다. 농사를 짓던 몰락한 왕족이 하루아침에 국왕이 된 것이다. 그가 조선 25대 임금 철종이다.

1849년 창덕궁 인정문에서 즉위한 그를 두고 일부에서는 천자문도 모르는 일자무식이라 말하기도 했지만, 그는 한성에서 14살까지 살다가 강화도에 갔으며 농사를 지은 기간은 고작 5년에 불과했다. 따라서 학문적으로 어느 정도 기본적인 소양은 갖췄을 것으로 추정된다.

물론 왕실의 법도나 왕으로서의 학문을 제대로 갖추지 못한 것은 사실이다. 그러다 보니 모든 권력은 순조비인 순원왕후 김씨의 손에 넘어갔다. 이 말은 안동 김씨 세력이 또다시 권력

대왕대비가 희정당에서 소리 내어 울며 말하기를, "5백 년 종사가 어찌 오늘에 갑자기 이렇게 될 줄 알았겠는가." 정원용이 말하길, "나라의 운명이 급박하옵니다. 바라오건대, 분명하게 하교하여 신들이 상세히 듣게 하소서." 대왕대비가 하교하기를, "종사의 부탁이 시급한데 영조의 핏줄은 주상(헌종)과 강화에 사는 이원범뿐이므로, 그에게 왕통을 잇게 한다. 받들어 맞이하기 전에 병조에서 장교들을 거느리고 먼저 강화도로 가서 호위하라." 하였다.
– 헌종실록(1849)

의 중심에 섰다는 뜻이다.

철종이 즉위한 날, 대왕대비(순원왕후)는 대신들에게 주상의 학업 증진을 위해 노력해달라고 부탁한다. 19살이면 수렴청정을 끝내고 친정을 할 나이지만 철종은 결코 그럴 상황이 아니었다.

언뜻 보면 철종은 허수아비 같은 왕처럼 보이지만, 1851년 친정이 시작된 후 그는 많은 개혁 정책을 추진했다. 어린 시절 일반 백성의 눈으로 세상을 보았기 때문에 민심을 누구보다 잘 아는 그였다. 물론 쉽지 않은 일이었다. 안동 김씨 같은 세도가의 반발은 당연한 것이지만, 가장 큰 문제는 자신을 지원해줄 정치 세력이 없었다는 점이다. 사회의 체질을 바꾸는 개혁은 이를 지지할 세력이 있어야 가능한 일이다. 그러다 보니 철종은 계속 좌절을 맛보게 되었고, 그럴수록 백성들의 삶은 더욱더 피폐해졌다.

결국 전국 각지에 관리들의 부정부패에 대항하는 민란이 일어나기 시작했다. 특히 세금의 수취와 관련된 삼정(토지에 세금을 징수하는 전정田政, 군역을 징집하는 군정軍政, 춘궁기에 곡식을 빌려주고 추수기에 되받던 환정還政을 일컫는 말)의 문란은 극심한 민생고를 유발한 요인이었다. 그나마 철종에게 이치에 맞는 바른 말을 하는 몇 안 되는 신하가 박규수였다. 그는 효명세자의 정치적 동반자였으나 효명세자가 요절하자 한동안 세상을 등지기도 했었다. 철종은 즉위 직후 박규수를 정책 자문 기관인 홍문관 관원으로 뽑았고, 진주민란이 일어났을 때 그를 파견해

대왕대비가 희정당에서 대신을 불러 이르길, "임금이 배우지 아니하면 어떻게 정사를 하겠소? 여러 대신들이 주상을 도와 국정을 살펴주시오." 하였다.
– 철종실록(1849)

박규수가 보고하기를, "금번 진주의 난민들이 소동을 일으킨 것은 오로지 전 우병사(右兵使) 백낙신이 탐욕을 부리려 한 까닭으로 연유한 것이었습니다. 그의 무리한 세금 징수(백징) 때문에 민심이 들끓고 여러 사람의 노여움이 일제히 폭발해서 드디어 격발하여 전에 듣지 못하던 변란이 돌출하기에 이른 것이었습니다. 그러니 조정으로 하여금 처리하게 하소서." 하였다.
– 철종실록(1862)

철종이 승하한 창덕궁 대조전

수습을 명하기도 했다.

　그러나 철종의 노력에도 불구하고 민란은 줄어들지 않았다. 결국 정치를 너무 몰랐던 철종은 자포자기에 이르러 매일 술에 취해 삶을 보냈다. 건강은 점점 나빠졌고, 1863년 33세의 젊은 나이로 철종은 창덕궁 대조전에서 승하한다.

　철종은 중전과 후궁들 사이에 5남 6녀를 두었으나 대부분 어려서 병사했다. 이를 두고 항간에서는 왕조의 기운이 다한 망국의 징조라고도 했다.

철종이 삶의 마지막을 보냈던 대조전(왼쪽)과 경훈각(오른쪽). 가운데는 복도각으로 연결되어 있으며 경훈각 2층 누각은 징광루이다. (1917년)

왕권은 아버지나 할아버지로부터 물려받았다는 정통성과 세자 시절부터 다져온 인맥, 명성 등이 모두 응축되어 만들어진다. 하지만 철종은 그러지 못했다. 강화도령이라 불렸던 그를 어쩌면 궁궐의 나인들조차 왕으로 인정하지 않았을지 모른다. 하물며 반세기 이상 권력을 독점한 세도가들의 눈에 비친 철종은 어떠했겠는가.

철종이 승하한 창덕궁의 대전 대조전은 뒤쪽의 2층 전각인 경훈각(2층 누각의 이름은 징광루)과 복도각으로 연결된 구조다. 철종은 마음이 답답할 때마다 경훈각 2층 누각인 징광루에 올라 하늘을 보며 바람을 맞았을 것이다.

🏯 창덕궁 대조전과 경훈각

　동궐도에 나오는 창덕궁 대조전은 가운데 솟을지붕의 아담한
전각이고, 뒤쪽의 경훈각은 청기와 건물로 2층 구조이다. 그러
나 현재의 건물은 동궐도와 사뭇 다르다. 1917년 대조전 영역에
서 발생한 화재로 주변이 모두 불탄 후 조선 총독부는 재정을 아
낀다는 이유로 재건이 아닌 경복궁의 교태전과 만경전을 헐어
이곳 창덕궁으로 이건했다. 창덕궁의 전각들은 경복궁과 다르게
규모가 작고 전각의 형태가 아기자기하다. 이런 곳에 큰 규모의
경복궁 전각이 들어오니 마치 아이들 사이에 어른이 앉아 있듯
그 모습이 자연스럽지 못하다.

경복궁의 교태전이 이건된 지금의 대조전(왼쪽)과 만경전이 이건된 지금의 경훈각(오른쪽)

26
고종

―

대한제국을
선포하다

되살아난 조선의 법궁 - 경복궁

철종이 후사 없이 승하할 당시 왕실 최고 어른은 효명세자의 부인이자 헌종의 모후인 신정왕후 조씨였다. 그녀 역시 다음 왕위를 이어받을 인물을 정해야 했다. 이때 등장한 인물이 흥선군이다. 족보상 정조의 배다른 동생 은언군의 손자가 철종이라면 흥선군은 은언군의 동생인 은신군의 손자가 된다. 철종의 건강이 악화되면서 흥선군은 신정왕후와 내통을 하고 있었다. 그리고 자신의 아들에게 왕위를 물려줄 수 있도록 설득했다.

```
            ┌─────────────┐
            │  21대 영조   │
            └─────────────┘
               사도세자
      ┌───────────┼───────────┐
┌──────────┐ ┌──────────┐ ┌──────────┐
│ 22대 정조 │ │  은언군   │ │  은신군   │
└──────────┘ └──────────┘ └──────────┘
┌──────────┐                 남연군
│ 23대 순조 │    전계군
└──────────┘                 흥선군
   효명세자
┌──────────┐ ┌──────────┐ ┌──────────┐
│ 24대 헌종 │ │ 25대 철종 │ │ 26대 고종 │
└──────────┘ └──────────┘ └──────────┘
```

• 고종의 가계도 •

일부에서는 조선 말 세도가들이 왕족들을 없앤다는 소문에 흥선군이 화를 피하기 위해 미친 척하며 돌아다녔다고 하지만 이것은 모두 소설《운현궁의 봄》에 나온 허구적 이야기일 뿐이다. 실제로 당시 흥선군은 왕실의 종친회에서 일했고 재산 역

시 어느 정도 있었던 왕족이었다. 평상시 추락한 왕실의 권위에 대해 안타까워했던 흥선군의 바람대로 둘째 아들 이명복에게 옥새가 돌아갔으니 그가 조선 26대 임금인 고종이다.

아들이 왕이 되었기 때문에 흥선군에게는 대원군大院君이란 칭호가 붙었다. 당시 어린 고종을 대신해 신정왕후가 수렴청정을 했지만 그녀의 뒤에는 흥선대원군이 있었다. 바야흐로 흥선대원군의 시대가 된 것이다.

그의 가장 큰 과제는 세도정치로 인해 떨어진 왕권을 세우는 일이었다. 그리고 그 일환으로 방치된 조선의 법궁을 중건할 계획을 세운다. 경복궁 중건은 수렴청정을 했던 신정왕후의 입을 통해 천명되었다. 임진왜란 이후 270년 만에 법궁의 부활을 알리는 명이었다.

경복궁은 다른 궁궐에 비해 규모가 커서 중건에 천문학적인 공사비가 필요했다. 그가 무리수를 두면서까지 경복궁 중건에 힘을 쏟은 이유는 즉위 초기 어수선한 조정에 하나의 목표를 정함으로써 시선을 돌리고, 그동안 시간을 벌어 자신의 정치적 세력을 규합하기 위함이었다. 중간중간 발생한 화재, 재정 마련을 위해 발행한 당백전의 부작용 등 여러 우여곡절이 있었지만, 조선의 법궁인 경복궁은 마침내 그 웅장한 모습을 드러냈다.

대왕대비께서 전교하였다. "경복궁은 우리 왕조에서 수도를 세울 때 맨 처음으로 지은 법궁이며 조선의 시작이 이 경복궁부터였다. 그러나 불행하게도 임진왜란에 의하여 불타버리고 난 다음에 미처 다시 짓지 못한 관계로 오랫동안 뜻있는 선비들이 이 점을 개탄하였다. (중략) 이제 경복궁을 다시 지어 중흥의 큰 업적을 이루리라. 그러나 이처럼 더 없이 중대한 일은 나의 정력으로는 모자라기 때문에 모두 대원군에게 맡겨 버렸으니 매사를 꼭 의논하여 처리하라." 하였다.
– 고종실록(1865)

경복궁으로 이어(移御)하였다. 전교하기를, "법궁을 지은 지 겨우 40달가량밖에 되지 않는데 지금 벌써 이어하게 되었다. 300년 동안 미처 하지 못하던 일을 이렇게 완공하였으니, 그 기쁘고 다행한 마음을 이루 다 말할 수 있겠는가?"
– 고종실록(1868)

270년 만에 중건된 경복궁의 전경 (19세기 말)

흥선대원군의 선물 – 경복궁 자경전, 흥복전

흥선대원군이 경복궁을 중건하면서 가장 심혈을 기울인 전각은 대비전인 자경전이었다. 대비인 신정왕후는 고종을 자신의 남편인 효명세자의 양자로 들이면서 왕으로서의 정통성을 부여해준 인물이다. 그는 그 감사의 뜻으로 경복궁 내 대비전의 규모를 대대적으로 확장했다.

자경전이란 이름은 정조가 어머니 혜경궁 홍씨를 위해 지어준 창경궁의 자경당에서 따왔다. 흥선대원군은 정조의 효심을 본받아 같은 이름의 대비전을 경복궁의 중심부에 지은 것이다.

대비전 영역의 본 건물은 자경전을 비롯해 휴식을 위한 공간인 누각 청연루, 이외에도 부속 건물인 만경전, 흥복전 등 창경궁의 자경전보다 훨씬 더 큰 규모로 조성되었다. 특히 뒤쪽의 십장생 굴뚝에는 대비의 건강을 기원하는 마음을 그대로 담았다.

자경전의 주인인 신정왕후는 이후에도 흥선대원군을 도와 고종의 후원자로서 많은 역할을 했다. 그리고 1890년 83세의 나이로 자경전의 부속 건물인 흥복전에서 생을 마감한다.

신정왕후는 효명세자의 부인으로 1819년 세자빈이 되었으나 남편이 요절하고 8살의 아들이 왕(헌종)이 되는 바람에 바로 대비가 되었다. 그 뒤 철종과 고종을 자신의 아들로 입적시켜 왕을 만들었다. 족보상으로 그녀는 3명의 왕을 둔 어머니였

자경전의 누각을 청연루로, 북상실(北上室)을 순희당으로, 서소침(西小寢)을 석지당으로, 중소침(中小寢)을 덕필당, 만경전, 흥복전, 만화당으로 한다.
– **고종실록(1867)**

만경전에 가서 대왕대비전께 진찬례를 했다.
– **고종실록(1887)**

전교하기를, "효성이 부족하여 오늘 미시(未時)에 대왕대비전께서 흥복전에서 승하하셨다. 망극한 슬픔을 어찌 말하겠는가?" 하고, 이어 궁성을 호위하라고 명하였다.
– **고종실록(1890)**

흥선대원군이 신정왕후를 위해 지은 대비전인 경복궁 자경전

신정왕후가 승하한 자경전의 부속 건물인 흥복전

다. 그러니 그 정치적 힘이 얼마나 막강했겠는가. 그녀의 공간이 바로 이곳 자경전이다. 자경전은 일제 강점기를 견딘 몇 안되는 경복궁의 전각이기도 하다.

고종 친정의 상징 – 경복궁 건청궁, 집옥재, 향원정

고종 초기의 모든 권력은 아버지 흥선대원군에게 있었다. 명분은 어린 아들인 고종이 성장할 때까지 기반을 만들어준다는 것이었다. 그러나 처음 명분과 다르게 흥선대원군은 무려 10여 년 동안 스스로 주인공이 되어 정치를 했다. 그러니 이미 성장한 고종과의 갈등은 불가피했다.

실제로 고종이 친정親政을 시작했지만 조정에는 여전히 아버지 대원군을 따르는 세력들이 많았다. 왕은 자신인데 대신들은 모두 대원군의 사람들이니 왕권이 제대로 설 리가 없었다. 1873년 실록에는 고종의 안타까움이 그대로 실려 있다. 바로 이 시기에 고종은 경복궁 북쪽 공간에 건청궁이라 불리는 전각을 지었다. 건청궁은 왕의 침전, 즉 대전인 장안당과 중궁전인 곤녕합 그리고 기타 부속 건물들까지 있는 하나의 궁역宮城이다. 당시 경복궁에는 새로 중건된 대규모의 내전과 외전 건물들이 있었다. 그럼에도 고종은 왜 굳이 새롭게 건청궁을 지었을까?

이런 그의 행동에 일부 학자들은 정치적 의미를 부여하기도

하교하기를, "어떻게 이런 도리가 있는가? 나를 버리고 어디로 가려는가? 아무리 대신인들 이렇게 할 수 있는가? 체신을 잃었다고 하겠다." 하였다.
– 고종실록(1873)

고종과 명성황후의 침전으로 사용된 건청궁

한다. 고종이 새로운 거처의 건립을 통해 아버지로부터의 정치적 독립을 꾀했다는 것이다. 게다가 고종은 세금이 아닌 내탕비(왕실 재산)를 사용해 건청궁을 지었다. 정치적 꼬투리를 잡히지 않기 위함이었다.

고종은 아버지와 달리 서양 문물에 대한 거부감이 적었다. 오히려 더 많은 문물을 수용하려고 노력했다. 그는 건청궁 옆에 집옥재라는 서재를 만들어 중국, 일본을 비롯해 서양 서적들을 수집해 연구하게 했고, 동시에 외국 공사들을 접견하는 장소로도 활용했다.

조선 왕조 오백 년의 역사 중 고종은 가장 변화무쌍한 혼돈의 시기에 왕이 된 인물이다. 한쪽에서는 개혁과 개방을 주장했고, 또 한쪽에서는 봉건 왕조를 지키기 위해 고종을 압박했다. 누가 왕이 되었어도 결코 녹록지 않았을 시대였다. 일부에서는 그를 무능한 왕으로 평가 절하하지만 고종은 이런 급변의 시대를 방관하지만은 않았다. 보수 기득권의 이야기를 들어주며 동시에 개혁 개방의 시동을 걸었다. 120년 전, 중국과 서양의 서적들로 꽉 차 있었던 집옥재의 모습은 그 증거가 되기에 충분하다.

고종의 개혁 의지는 건청궁 앞쪽의 향원정에서도 나타난다. 향원정은 우리나라에서 최초로 전기를 생산한 곳이다. 그는 에디슨 전기 회사와 계약을 맺고 향원정 연못 주변에 발전기를 만들어 그 전기로 건청궁과 향원정 주변에 전등을 밝혔다. 그뿐 아니라 고종 내외는 외국 공사와 선교사들을 자주 초청

고종의 집무실이었던 집옥재

해 신문물에 대한 다양한 소식을 들었다고 한다. 1892년에는
향원정의 연못에서 피겨 스케이트를 관람하기도 했는데, 영어
교사였던 길모어(G.W.Gilmore)는 자신의 저서인《서울풍물지》

궁궐 안 둥근 모양의 연못이 있는데 중심부의 섬에 예쁘고 작은 정자가 있었다. 장막 뒤에 몸을 가렸지만 시야는 확보된 시종들과 더불어 국왕과 왕비는 이 정자에 있었다. 두 분 역시 의심할 바 없이 열정적으로 스케이트를 관람했다.

– 서울풍물지(1892)

100년 전 겨울, 고종 내외는 이곳 향원정에서 피겨 스케이트를 관람했다. (사진은 복원 이전의 취향교)

에서 당시의 상황을 자세히 묘사하고 있다.

🏔 원래의 자리를 되찾은 향원정의 취향교

경복궁 향원정은 경복궁 내에서도 특히 아름다운 풍경을 자랑하며 많은 관람객의 사랑을 한 몸에 받고 있다. 하지만 이곳에는 무려 70년이 넘게 가짜 다리가 놓여 있었다.

원래 향원정의 다리인 취향교는 건청궁 쪽으로, 그러니까 정자의 북쪽을 향하고 있다. 그러나 한국전쟁 때 다리가 부서지면서 1953년 복원 당시 원래의 자리가 아닌 남쪽에 세워졌다. 당시 남쪽에서 북쪽으로 이동하는 관람객의 동선에 맞춰 남쪽 방향으로 다리를 놓은 것이다. 그것도 원형의 모습과 전혀 다르게 말이다. 다행히 복원 공사가 시작되었고, 2021년 원래의 모습을 되찾을 예정이다.

경복궁 습격 사건의 시작 – 경복궁 건춘문

1800년대 말은 내외적으로 극도의 혼란기였다. 흥선대원군의 개혁 정치에도 불구하고 세도정치의 부작용은 여전했고 백성들은 도탄에 빠졌다. 결국 1894년 전봉준 등이 중심이 된 농민 봉기 운동이 시작되었다.

하지만 이런 위기를 맞이한 조선 조정은 문제를 스스로 처리하려 노력하지 않고 청에게 파병을 요청한다. 국내 문제에 외국 군대의 힘을 빌린다는 것은 자주국의 위상에 치명적 오점을 남겼다. 하지만 더 큰 문제는 일본이었다. 조선을 통해 대륙으로의 진출을 꿈꾸었던 일본은 청의 군대 파견 소식에 기다렸다는 듯 자국 군대를 파견했다. 조선 반도 내 일본인들을 보호한다는 핑계였다. 일이 이 지경에 이르다 보니 잘못되면 조선에서 청일 양국의 충돌이 일어날 수도 있는 상황이었다.

형세가 너무 급박하게 돌아간다는 판단 아래 조선 조정과 농민군은 화약을 맺고 해산을 결정했지만 이미 때는 늦었다. 일본 정부와 친일 인사들은 조선 조정을 압박해 청 군대의 철수를 요구했다. 당시의 친일 인사는 일본의 힘을 빌어 수백 년 동안 지속된 청의 간섭으로부터 벗어나고자 했던 개화파였다. 그러나 조선 조정이 청군 철수에 미온적인 태도를 보이자 일

경복궁 습격 사건이 시작된 경복궁 건춘문

본은 극단적인 선택을 하게 된다. 이른바 '경복궁 습격 사건'을 벌인 것이다.

불법으로 경복궁을 습격해 왕을 협박한 이 어처구니없는 사건의 진실은 얼마 전 일본에서 공개된 〈조선 왕궁에 대한 위협적 운동 계획〉이라는 비밀 문서에서 드러났다.

당시 일본 군대는 경복궁의 동쪽 궁성문인 건춘문으로 향했다. 우리 궁궐 수비대를 유인하려는 술책이었다. 건춘문에서

—
일본군이 조선군을 물리치고 조선 왕궁을 지켰다.
– 마이니치 신문(1894)

총격이 일어났고, 이에 놀란 궁궐 수비대가 건춘문으로 몰리자 이 틈을 타 서쪽 문인 영추문을 통해 궁궐에 난입한 것이다. 명분은 조선 국왕의 보호였다. 경복궁은 순식간에 일본군에게 점령당했고, 일본은 바로 친청파를 몰아내고 자신들에게 우호적인 인사들로 조정을 채워갔다.

이런 방식으로 조선 조정을 접수한 일본은 아산만에 정박한 청 함대를 기습 공격해 청일전쟁을 일으켰다. 청일전쟁에서 승리한 후에는 더욱더 노골적으로 조선 조정에 간섭하기 시작했다. 120여 년 전, 궁궐을 급습해 왕을 위협했던 '경복궁 습격 사건'은 일본의 조선 침략을 노골적으로 알리는 첫 신호탄이었던 것이다.

'경복궁 습격 사건'의 시작점이었던 건춘문은 서쪽 궁문인 영추문과 달리 19세기 당시의 원형이 그대로 보존되어 있다. 하지만 경복궁의 4대문 중 유일하게 출입이 통제되어 있는 문이기도 하다. 그래서 인적도 없고 더 조용하다. 건춘문 앞에 서 있으면 그날 밤 일본 군인들의 군홧발 소리가 들리는 듯하다.

근대사 최고의 비극, 을미사변
– 경복궁 건청궁

청일전쟁으로 주도권을 잡은 일본은 기세등등했고 반면 종이호랑이 같은 청의 모습에 조선은 당황할 수밖에 없었다. 이제 일본을 저지할 수 있는 국가는 러시아뿐이었다. 당시 세계는 영국과 러시아의 양강 대결 구도로, 두 강대국의 주도권 싸움은 대단했다. 결국 조선은 러시아에게 도움을 청했고 러시아는 이에 응했다. 친영 세력으로 분류된 일본이 조선 반도로 세력을 확장하는 것이 러시아로서는 부담이었기 때문이다.

러시아의 개입 사실을 알게 된 일본은 조선 내 친러시아파였던 명성황후 세력을 제거해야 판을 뒤집을 수 있다고 판단했고, 결국 왕비 살해 계획까지 세우게 된다. 이미 건춘문 사건을 통해 경복궁을 장악한 바 있는 일본은 을미년인 1895년 10월 왕비의 거처인 건청궁으로 낭인들을 보냈다.

아수라장이 된 건청궁에는 비명과 신음만이 가득했다. 왕비를 시해한 그들은 건청궁 내 옥호루로 시신을 끌고 와 신원 확인을 한 후 건청궁 옆 녹산鹿山(경복궁 북동쪽의 나지막한 언덕)으로 옮겨 시신을 불태우는 만행을 저질렀다. 사건을 은폐하기 위함이었다.

그러나 세상에 완벽한 범죄는 없는 법이다. 그들의 만행은 경복궁 내 외국인 숙소에서 입직을 섰던 러시아인 사바틴(Sabatin)에 의해 세상에 알려지게 된다. 그는 이 사건을 러시아 황제에게 보고했다.

"건청궁에 침입한 일본인들은 내 말을 듣지도 않고 황후가 어디 있는지, 황후가 누구인지만 물었다. 그리고는 왕비 마마가 복도로 달아나자 뒤쫓아 가 바닥에 쓰러뜨리고, 가슴 위로 뛰어올라 짓밟고 칼로 시해했다. 몇 분 후 시신을 소나무 숲(녹

을미사변의 현장인 경복궁 건청궁(곤녕합)

산)으로 끌고 갔으며 그곳에서 연기가 피어오르는 것을 보았다.”

보고서를 본 러시아 황제는 “이런 일이 실제로 일어났단 말인가! 있을 수 없는 만행이다.”라며 일본을 규탄했다. 이로 인해 을미사변이 일본 정부의 주도하에 이루어진 만행이라는 사실이 만천하에 알려졌지만 일본 정부는 끝까지 이 사실을 부인했고, 심지어 살해범들을 증거 불충분이란 이유로 모두 석방했다. 물론 지금까지 일본 정부의 공식적인 사과는 없다.

가해자가 반성하지 않는 역사는 늘 반복된다. 명성황후 시해 사건에 가담했던 이들의 후손은 수많은 아시아인들을 죽음으로 몰아간 제국주의자들이 되었다. 그들의 후손이 지금도 일본의 정계, 재계를 움직이고 있으니 100년이 지난 지금까지도 일본은 조상들의 행위를 정당화하고 있다. 옥호루를 보면서 역사 청산의 중요함을 다시 한번 되새겨볼 필요가 있다.

아관파천의 길 – 경복궁 영추문

을미사변 이후 조선 조정에 대한 일본의 간섭은 더욱 노골화되었고, 조선 내 모든 이권 사업 역시 일본에게 넘어가는 상황이었다. 이런 일본의 행보에 가장 긴장한 나라는 러시아였다. 상황이 자신들에게 불리하게 돌아가자 러시아는 조선 왕실을 보호한다는 핑계로 해군을 파견한다. 이렇게 조선 내 친러파

아관파천의 현장, 경복궁 영추문

가 힘을 받게 되자 그들은 러시아공사관으로 고종을 피신시킬 계획을 세웠다.

당시 고종은 일본에 의해 경복궁에 유폐되다시피 했다. 친러파들은 경복궁 서문인 영추문이 평상시 궁녀의 가마들이 출입하는 문으로 검문을 하지 않는다는 사실을 알고 고종과 세자를 후궁의 가마에 태워 영추문을 통해 탈출시킨 후 곧바로 정동에 있는 러시아공사관으로 향했다. 이 사건이 바로 왕이 러시아俄 공사관館으로 파천을 한 '아관파천俄館播遷'이다. 국왕이 궁궐을 버리고 외국 공사관으로 피신을 떠난 것이다.

영추문은 1398년 어린 세자였던 이방석이 급박하게 도망쳤던 곳(왕자의 난)이다. 그로부터 500년 후인 1896년, 이번에는 왕이 외국 군대를 피해 도망친 곳이 되었다. 이날 영추문을 통해 빠져나간 고종은 다시는 경복궁으로 환어遷御하지 않았다. 이후 경복궁은 일제에 의해 철저히 훼철毁撤되고 만다.

황제의 궁 – 경운궁

러시아공사관으로 피난을 떠난 고종은 조정을 다시 친러파로 교체하고 주변국들과 소통하며 일본의 간섭을 방어해 나갔다. 러시아공사관 주변에는 미국, 영국 등 외국 공사관들이 위치해 있어 외교 활동이 용이했기 때문이다.

그러나 시간이 지날수록 국왕이 타국의 공사관에 있다는 비난과 함께 경복궁으로 환어하라는 여론이 크게 일었다. 결국 고종은 임어臨御를 준비했지만, 장소는 경복궁이 아닌 러시아공사관 바로 옆 경운궁이었다. 경운궁은 임진왜란 당시 선조가 20여 년간 머물렀던 궁궐로 조선 후기 왕들에게는 일종의 문화재 같은 공간이었다.

바로 이 경운궁을 확장해 정식 궁궐로 만드는 동시에 청나라 사신이 머물렀던 남별궁을 없애고 그 자리에 원구단圜丘壇을 건립했다. 원구단은 황제가 하늘에 제사를 지내는 제단으로, 이는 황제의 나라를 만들겠다는 의지의 표명이었다. 고종은 제국의 이름을 대한으로 정하고 원구단에서 제사를 지냈

조령을 내리기를, "경운궁(慶運宮)은 바로 선대왕께서 계셨던 곳이다. 여러 해 전에 이미 수리하였지만 아직도 미처 손대지 못한 것이 많다. 궁내부(宮內府, 왕실의 모든 일을 맡아보는 관청) 등으로 하여금 맡아서 수리하도록 하되 되도록 간단하게 하도록 하라." 하였다.
– 고종실록(1896)

상이 이르기를, "원구단에 첫 제사를 지내는 지금부터 마땅히 국호를 정하여 써야 한다. 우리나라는 곧 삼한(三韓)의 땅인데, 국초(國初)에 천명을 받고 하나의 나라로 통합되었다. 지금 국호를 '대한(大韓)'이라고 정한다고 해서 안 될 것이 없다. 또한 국호가 정해졌으니, 원구단에 행할 제사의 제문에 모두 '대한'으로 쓰도록 하라." 하였다.
– 고종실록(1897)

대한제국의 상징인 석조전의 모습

다. 동시에 경운궁 또한 황제의 궁으로 격상시켰다. 오늘날 대
한민국의 뿌리가 된 대한제국의 탄생이다.

　대한제국 황궁이 된 경운궁에는 많은 변화가 생겼다. 석조
전, 돈덕전, 중명전 등의 서양식 건물과 정원이 건립되기 시작
했는데, 특히 석조전은 근대 국가 대한제국의 상징과도 같은
전각이다. 석조전 북쪽에는 고종 즉위 40주년을 기념하여 각
국의 외교관들을 초청해 대규모의 행사를 할 수 있는 돈덕전
이 지어졌다.

황태자가 황제를 모시고 돈덕
전에 나아가 청국의 교체된 공
사 허태신 등을 접견하였다.
– 고종실록(1905)

을사늑약의 현장 - 경운궁 중명전

아관파천, 대한제국 건립 등 고종의 외교적 노력에도 불구하고 대세는 쉽게 바뀌지 않았다. 청일전쟁에서 승리한 일본은 러일전쟁마저 승리함으로써 이미 동북아의 패권을 장악하고 있었다. 사실 일본은 러시아와 경쟁이 되지 못하는 상대였으나 영일 동맹을 통해 군사력을 강화시켜 러일전쟁에서 승리한 것이었다.

고종의 마음은 급해졌다. 러시아마저 일본에 패했으니 이제 남은 나라는 미국뿐이었다. 고종은 자신의 미국인 측근 헐버트(Homer B. Hulbert)로 하여금 일본의 만행을 미국 정부에 알렸으나 미국은 이를 모두 무시해 버렸다. 이미 그들은 일본과 '가쓰라 · 태프트 협정'을 맺었기 때문이다. 이 협정은 미국이 필리핀으로 진출하고 일본이 대한제국으로 진출하는 데 서로 어떠한 영향력도 행사하지 않는다는 밀약이었다. 만약 당시 미국이 대한제국의 목소리에 조금만 귀를 기울였다면 우리의 근대사는 전혀 다른 방향으로 흘러갔을지도 모른다.

미국과의 밀약으로 국제적 지위까지 획득한 일본은 거침이 없었다. 이토 히로부미는 군대를 동원해 경운궁을 포위했다. 대한제국의 외교권을 빼앗기 위해서였다. 당시 고종은 경운궁 중명전에 있었다. 고종을 찾아간 친일파들이 서약서에 서명할 것을 강요했으나 고종은 응하지 않았다. 그러자 이미 이토 히로부미의 지령을 받은 이완용, 이지용, 이근택, 권중현 등은 고

을사늑약의 순간 (경운궁 중명전 1층)

종의 서명을 대신해 외무대신 박제순의 도장으로 조약을 체결해 버렸다. 우리 역사의 비극인 을사늑약乙巳勒約이다. 물론 이것은 황제가 인정하지 않은 불법 조약이었다.

고종은 미국인 황실 고문 헐버트에게 "짐은 총칼의 위협과 강요 아래 양국 사이에서 체결된 이른바 보호 조약이 무효임을 선언한다. 짐은 이에 동의한 적도 없고 금후에도 결코 아니할 것이다. 이 뜻을 미국 정부에 통보하기 바란다."라며 비준 거부 의사를 명백히 드러냈다. 하지만 강대국의 말이 진리가 되는 국제 사회에서는 통용될 수 없는 항변이었다. 이 치욕적인 늑약으로 대한제국의 외교권은 일본에게 넘어갔고, 이는 사실상 국권이 침탈당한 것과 같았다. 외교권을 상실한 나라는 국제 사회의 일원이 될 수 없었기 때문이다.

을사늑약의 현장, 경운궁 중명전

1905년 11월 17일 을사늑약이 체결되었던 곳이 중명전이
다. 아무리 일본의 불법이 있었다 하지만 결국 을사늑약은 격
동하는 국제 관계에 적절히 대처하지 못한 결과였을 뿐이다.

중명전이 경운궁과 떨어져 있는 이유

현재 중명전은 경운궁(덕수궁) 궁역(宮域)에서 떨어진 곳에
있으며 언뜻 보면 궁궐과 전혀 관계가 없는 건물처럼 보인다.
1910년 당시 경운궁의 궁역은 동쪽으로는 지금의 서울시청 광
장, 북쪽으로는 세종로 사거리, 서쪽으로는 중명전까지 포함될

정도로 넓었다. 하지만 국권을 침탈당한 이후 많은 곳이 민가로 팔려나가며 궁역이 점점 줄어들어 오늘날에 이른 것이다. 그 대표적인 곳이 중명전이다.

궁역에서 제외된 중명전 건물은 정동 일대 외국인들을 위한 클럽으로 사용되었고, 광복 이후에는 민간에 매각되었다. 그 뒤 예능 프로그램에서 중명전의 이야기를 다룬 이후 논란이 일었고 다시 문화재청이 매입해 옛 모습을 되찾을 수 있었다.

27
순종

조선의 마지막 왕

물려주는, 물려받는 이도 없었던 황제 양위식
- 경운궁 중화전

을사늑약 후 사실상 외교권이 사라진 대한제국은 국제 무대에서 고립되고 있었으나 아직 단념하기엔 일렀다. 네덜란드 헤이그에서 '만국평화회의'가 열린다는 소식을 들은 고종은 일제의 감시를 피해 3명의 특사를 네덜란드로 보낸다. 그들은 한 달간의 여정 끝에 회의장에 도착했으나 초청장이 있었음에도 입장을 불허당한다. 대한제국이 일본국의 보호를 받는다는 이

주인공 없는 양위식이 열렸던 경운궁 중화전

유에서였다.

결국 특사 파견은 실패로 돌아갔고, 일본은 이 사건을 빙계로 고종의 황제 자리를 아들인 황태자에게 강제로 넘겨버렸다. 명분은 황태자의 대리청정이었으나 사실상의 양위였다. 그렇게 등극한 이가 대한제국의 2대 황제이며 조선 왕조의 27대 임금인 순종이다.

1907년 경운궁의 정전인 중화전에서 양위식이 거행되었으나 주인공들은 없었다. 고종은 이 의식을 '권정례權停例'로 행하라는 명을 내렸다. 권정례란 주인공 없이 임기응변식으로 하는 예식을 뜻한다.

중화전은 황제의 정전이라 하기에는 너무 초라한 단층 형식의 건물이다. 심지어 지금은 주변의 행각조차 뜯겨나가 없어지고 정문인 중화문만 덩그러니 남아 있다. 어도를 따라 월대에 올라 정전의 내부를 보면 여기저기 주인이 부재한 세월의 흔적이 그대로 묻어 있어 왠지 모를 쓸쓸함이 느껴진다.

🏔 중층에서 단층 구조가 된 중화전

중화전은 경운궁의 정전이다. 고종은 대한제국의 위상을 높이기 위해 황궁의 정전인 중화전을 웅장한 중층 형식으로 건립했다. 그러나 중화전은 1905년의 대화재로 소실되고 만다. 화재는 늘 일어나는 일이니 중건하면 될 일이었으나, 당시 대한제국은 형편이 넉넉지 못했다. 결국 제국의 정전 중화전은 중층이 아닌 단층으로 중건된다. 1906년 고종실록에는 황제의 안타까움이

박용대가 아뢰기를 "황태자의 대리청정 의식을 규례대로 중화전에 친림하는 것으로 마련하고, 황태자가 예를 행하는 의절도 규례대로 마련하는 것이 어떻겠습니까?" 하니, 칙령을 내리기를, "권정례(權停例)로 하라." 하였다. 그리고 황태자가 명을 받들어 대리청정하였다. 선위(禪位, 왕이 살아서 왕위를 물려줌)하였다.
– 고종실록(1907)

중화전에서 진하를 받았다. 정전이 중건된 경사를 축하한 것이다. "이 경운궁으로 말하자면 우리 선조께서 옛날에 일을 보신 곳이고 인조께서 즉위한 곳이다. 지난번에 우연히 화재를 당하여 오늘날 보수할 계획을 하게 되었다. 그때 공사를 벌여 이 궁전을 중건하였는데, 형편이 어려운 때이므로 공사를 벌일 형편이 못 되었지만 선왕의 법을 준수함에 있어서 어찌 부지런히 손보고 마무리 하는 것을 소홀히 했겠는가."
– 고종실록(1906)

경운궁의 정전 중화전 내부

그대로 드러나 있다.

경운궁이 덕수궁으로

을사늑약 이후 새로 황제가 된 순종은 창덕궁으로 강제 이어
되고 태황제의 지위를 얻은 고종은 경운궁에 유폐된다. 그리
고 고종의 궁궐인 경운궁에는 '덕수德壽'라는 궁호가 올려졌다.

덕수는 '오래오래 편안히 살다'라는 뜻으로, 태조가 아들인
정종에게 옥새를 물려주고 태상왕이 되었을 때 정종이 올린
태상왕궁의 호칭이다. 순종은 조선 왕조의 창업자인 태조의
궁호를 대한제국을 창업한 아버지 고종 황제의 궁호로 사용한
것이다. 이후 고종이 머물렀던 경운궁은 덕수궁이 되었고 고
종 역시 덕수 전하로 불리게 되었다.

참고로 당시 덕수궁이란 궁호를 올린 이윤용은 의병 진압
에 공헌한 대표적 친일파였다. 고종을 황제 자리에서 물러나
게 하고 경운궁에 유폐시킨 이들이 올린 궁호가 덕수궁인 것
이다.

🏛 덕수궁인가? 경운궁인가?

현재 덕수궁은 공식적인 명칭으로 사용되고 있지만, 이에 대
해 일부에서는 덕수궁을 다시 경운궁이라 불러야 한다고 주장한
다. 그 이유는 을사조약이 명백한 불법 조약이기 때문이다. 만약

태상궁(太上宮)의 호(號)를 세워
'덕수궁(德壽宮)'이라 하였다.
– 정종실록(1400)

궁내부 대신 이윤용이, "태황제
궁의 호를 덕수(德壽)로 결정하
였습니다."라고 아뢰니, 윤허하
였다.
– 순종실록(1907)

일제의 불법적 행위가 없었다면 고종의 강제 퇴위도 없었을 것이다. 또 강제 퇴위가 없었다면 경운궁을 덕수궁으로 부를 까닭도 없다. 만약 우리가 계속 덕수궁이란 명칭을 사용한다면 이는 우리 스스로 일제 강점의 불법성을 인정하는 것과 다르지 않다는 것이다.

반면에 계속 덕수궁으로 불러야 한다는 이들은 덕수궁은 태조와 태종이 상왕으로 물러나 거처한 궁으로, 일종의 보통명사로 여겨졌기 때문에 상왕이 된 고종의 궁전이 덕수궁이 된다는 것은 큰 무리가 없다는 주장이다.

이 논쟁은 여전히 진행 중이다. 현재까지 문화재위원회에서는 경운궁으로 명칭을 변경해야 할 이유가 충분하지 못하고, 그에 대한 반대 의견도 많은 만큼 명칭 변경 안건을 보류한 상태라고 한다.

문화재청은 덕수궁의 본래 이름인 경운궁으로 명칭을 바꿔야 한다는 주장이 학계 일각에서 제기됨에 따라 여론 수렴을 거쳐 문화재 위원회에서 명칭 변경 여부를 심의해 결정하기로 했다고 15일 밝혔다. 하지만 덕수궁이라는 이름이 100년 넘게 사용돼 이를 바꾸면 사회·경제적 비용이 커 혼란을 초래할 수 있다는 반론이 만만치 않아 논란이 예상된다.

- YTN(2011)

마지막 어전 회의 – 창덕궁 흥복헌

외교권 강탈로 대한제국을 국제 사회로부터 고립시키는 데 성공한 일제는 강제 양위가 있었던 1907년 이후 본격적인 내정 간섭에 들어갔다. 그해(정미년) 7개의 항목이 적힌 조약서인 '정미7조약'을 친일파 이완용에게 전달했다. 이완용은 오늘날의 국무총리 격으로 허수아비 황제를 대신한 실권자였다. 정미7조약에는 입법, 행정, 사법 등 정부의 모든 권한을 일본에 넘긴다는 내용이 포함되어 있다.

- 한국은 정치에 관해 일본국 통감의 지휘를 받을 것
- 한국은 입법과 행정시 반드시 통감의 승인을 받을 것
- 한국의 주요 인사 임명에 통감의 승인을 받을 것 등

을사늑약부터 정미7조약까지, 모든 불법적 조약의 중심에는 이토 히로부미가 있었다. 그는 대한제국의 내정 간섭에 혹시 있을지 모를 외교적 분란을 차단하기 위해 청과 러시아의 주요 인사를 만나 승인을 받고자 했다. 그런 그를 처단하고자 했던 이가 바로 영웅 안중근이었다.

이토 히로부미가 러시아의 재무상인 코코프체프를 만났던 하얼빈에서 안중근은 그를 처단했다. 그의 사망에 충격을 받은 일본 정부는 안중근을 사형시킨 그해 대한제국과의 조약을 서둘러 마무리하려 했다. 이를 위해 친일파들은 1910년 8월 22일 창덕궁 대조전의 부속 건물인 흥복헌에서 마지막 어전 회의를 가졌다. 물론 순종 황제는 반대했고 황후는 옥새를 치마 속에 숨기며 끝까지 저항했다. 그러나 거기까지였다. 결국 어전 회의는 일본의 의지대로 끝나고 만다. 당시의 상황은 일본인 관리자 곤도 시로스케權藤四郎介의 회고록인《이왕궁비사李王宮秘史》에 자세히 묘사되어 있다.

흥복헌은 대한제국의 마지막 어전 회의가 열렸던 장소다. 이날 옥새를 빼앗김으로써 대한제국은 세계 지도에서 사라지게

창덕궁은 매우 평온했고 조용한 가운데 단 한 차례 어전 회의가 열렸을 뿐이다. 이완용, 박제순 등이 어전 회의에 참석했다. 회의는 2시가 조금 지난 시간에 창덕궁 흥복헌에서 열렸다. 나는 그곳에 들어갈 만한 입장은 아니었으나 다만 옥새를 보관하는 금고에 이변이 없도록 지키라는 명령을 받아 대기하고 있었다. 어떤 사람이 그러는데 나라가 망하고 임금이 치욕을 당하니 신하에게는 죽음만이 있을 뿐이라며 한탄하고 분개했다고 한다. 그러나 전체적인 창덕궁의 분위기는 너무나 조용했다. 나라의 흥망이 결정되는 거대한 문제에 직면한 왕궁에서 펼쳐지는 드라마로서는 너무나도 평범하고 부족한 감이 들 정도였다.
– 대한제국황실비사(1926)

대한제국의 국권이 상실된 현장인 창덕궁 흥복헌

되었다. 게다가 일제 강점기는 훗날 남북 분단의 비극을 낳는 원인이 되었으니, 이날 흥복헌에서의 비극은 우리 근현대사의 가장 치욕적이고 불행한 사건으로 남게 되었다.

흥복헌

경복궁을 가린 조선 총독부

1910년 8월 22일 강제 조약을 마무리한 일제는 조약 체결을 철저히 비밀로 했다. 혹시 모를 사태에 대비하기 위해서였다. 그들은 이 기간 동안 사회단체의 집회를 철저히 봉쇄하고 원로 대신들을 가택 연금했다. 그리고 일주일 후인 29일, 조약체결을 공식 발표하기에 이른다. 1910년 경술년 8월 29일, 경술국치庚戌國恥의 날이다. 1910년 순종실록의 내용은 철저히 일본인들의 시각으로 기록되었다.

이후 일제는 대한제국의 황실을 일본 천황 아래 있는 많은 왕족의 하나로 격하시켜 이왕가李王家라 불렀다. 동시에 나라 이름 역시 대한제국이 아닌 조선이라 명하고, 효과적인 식민지 지배를 위해 조선 총독부라는 기관을 만들었다. 일제 강점기의 시작이다.

일제는 경복궁의 중문인 홍례문과 영제교 영역을 모두 헐고 이곳에 조선 총독부 건물을 지었다. 심지어 앞쪽의 광화문은 동쪽으로 옮겨져 더 이상 정문 역할을 할 수 없게 되었다. 이후 경복궁은 거대한 총독부 건물에 가려 사람들의 시선과 마음에서 멀어지고 만다.

광복 이후에도 식민 지배의 상징인 총독부 건물은 중앙청이라 불리며 대한민국 청사와 국회의사당으로 활용되었고, 심지어 1980년대에는 국립중앙박물관으로 사용되었다. 1990년대 들어 역사 바로잡기의 일환으로 철거해 지금은 독립기념관 구

한국의 황제가 말하길 "짐이 대업을 이어받아 왕위에 앉은 후 오늘에 이르도록 모든 것을 새로이 고쳐 노력하려 하였으나 모든 것이 이미 고질병처럼 피폐해져 이제는 어떻게 할 가망마저 없으니 차라리 한국의 모든 통치권을 친근하고 믿고 의지하던 이웃나라 대일본 황제 폐하에게 양여한다.
– 순종실록(1910년 8월29일)

대일본 천황 폐하가 명을 내리기를, "전 한국 황제를 책봉하여 왕으로 삼고 창덕궁 이왕(李王)이라 칭하고 태황제를 태왕으로 삼아 덕수궁 이태왕이라 칭하였다. 또한 한국의 국호를 고쳐 지금부터 조선이라 칭하고 조선 총독부를 설치한다."
– 순종실록부록(1910)

일제 강점기 근정전에서 바라본 조선 총독부 건물

석에 건물의 일부가 상징적으로 남아 있다.

고종 황제의 마지막 밤 – 덕수궁 함녕전

1910년대 일제는 철저하게 우리 민족의 삶을 짓밟았다. 경제
적으로는 쌀을 수탈해감으로써 물가 폭등을 유발했고, 정치적
으로도 폭력을 동원해 독립운동을 막았다. 이런 일제의 강압

묘시(卯時)에 태왕전하가 덕수
궁 함녕전에서 승하하였다.
- 순종실록(1919)

에 일부 사회 지도층은 중국으로 건너가 항일 투쟁을 준비하기에 이른다. 그 대표적인 단체가 '신한청년당'이다. 그들은 상해를 기반으로 일제의 만행을 전 세계에 알리려 노력했고, 동시에 국내 단체와 연계해 대대적인 독립운동을 계획했다.

바로 그즈음이던 1919년 1월 21일, 고종 황제가 갑자기 덕수궁 함녕전에서 승하했다는 소식이 들렸고, 이는 독살설과 함께 전국적으로 퍼지기 시작했다. 당시의 여러 정황을 보면 독살설이 나오기에 충분했다. 무엇보다 승하 소식을 늦게 전

고종과 황태자 독살 사건이 일어났던 덕수궁 정관헌

한 일본의 조치가 문제였다. 총독부의 기관지였던 〈매일신보〉는 고종이 승하한 당일, 사실과 다르게 고종이 위중하다는 기사를 실었다. 그러고는 고종 황제가 승하한 하루 뒤에 승하 소식을 전한 것이다.

이외에도 사망 당일 친일파들의 숙직, 고종의 시신 상태 등 많은 정황적 증거가 있다. 무엇보다도 을미사변에서 보듯 일본은 언제든 황실 사람들을 해칠 수 있었다. 실제로 1898년 덕수궁 정관헌에서는 고종과 순종이 마시던 커피에서 다량의 아편이 발견되는 사건이 발생하기도 했다.

하지만 정말 중요한 것은 독살설 자체가 아니라 고종이 독살을 당해도 전혀 이상하지 않은 당시의 정치적 상황이었다. 헤이그 특사 사건 이후 고종은 끊임없이 독립 의지를 대내외에 알렸고, 심지어 해외로의 망명을 준비 중이었다. 일제 입장에서 고종은 눈엣가시일 수밖에 없었고, 이런 대치 상황에서 승하 소식이 전해지니 독살설이 오히려 진실처럼 느껴질 정도였다.

고종은 분명 나라의 근대화와 독립을 위해 많은 노력을 했다. 그러나 급변하는 격동기를 체감하면서도 그의 행동은 그의 인지認知를 따르지 못했다. 훨씬 많은 개혁이 요구되는 시기였지만 정작 자신의 황권을 내려놓지는 못한 것이다. 만약 그가 스스로 황제의 권력을 민중에 내어주고 황제의 나라인 제국帝國에서 민중의 나라인 민국民國으로 바꾸어 갔다면, 우리가 경험했던 비참한 역사는 비껴갈 수 있었을지도 모른다. 그가

고종이 승하한 덕수궁 함녕전 내부

함녕전

떠난 함녕전의 방을 보고 있으면 만감이 교차한다.

3·1독립운동의 현장 – 덕수궁 대한문

고종의 죽음은 우리 근대사의 전환점이 되었다. 바로 3·1독립운동이다. 앞서 언급했듯 1910년대에 들어 일본의 무단정치에 신한청년단 등 일부 독립운동가들이 상해를 중심으로 활동을 시작했다. 그들은 일본, 중국, 한국의 단체들과 연계해 비밀리에 독립운동을 준비하고 있었다.

이런 와중에 고종의 승하 소식은 억압받던 우리 국민들에게 큰 자극제가 되었고, 1919년 3월 1일 드디어 전 국민이 일어나는 만세운동으로 번져갔다. 일제의 입장에서는 폭동처럼 보였겠지만 3·1독립운동은 어떠한 불미스러운 일도 일어나지 않은 평화적 시위였다. 그리고 그 중심에 바로 덕수궁의 정문 대한문이 있었다. 수많은 이들이 고종의 국장이 치러지고 있는 덕수궁 정문으로 모여들어 힘껏 만세를 불렀다.

덕수궁의 정문 대한문은 오늘도 바삐 움직이는 도심 인파와 외국 관광객들의 셔터 소리로 하루를 채운다. 바로 이 자리에서 100년 전 선조들은 독립의 꿈을 안고 목청 터지게 대한 독립을 외쳤다.

3·1독립운동의 목소리는 훗날 "호헌철폐", "독재 타도"를 외치는 민주화 항쟁으로 이어졌다. 대한이 민중의 나라임을 천하에 알린 사건인 3·1독립운동, 그 역사를 오늘의 대한문은 묵묵히 품고 있다.

🏛 밀려난 덕수궁의 정문 대한문

덕수궁의 정문은 인화문으로 남쪽에 위치해 있다. 그런데 남쪽에는 큰 도로가 없어 확장성이 떨어지는 반면, 동쪽으로는 큰 대로가 생기면서 동문의 활용도가 커졌고 결국 동문인 대안문(大安門, 지금의 대한문)이 정문 역할을 하게 된다.

초기 덕수궁의 영역은 지금과 비교할 수 없을 정도로 컸다. 동쪽 영역은 지금의 서울시청 광장 인근까지 포함되어 있을 정도였다. 그러나 일제 강점기에 태평로가 확장되면서 덕수궁 담장이 헐리고 대한문도 뒤로 물러나야 했다. 지금의 대한문은 원래

당시 대한문 앞 그 넓은 광장부터 큰 도로 일대가 흰 옷의 군중들에게 완전히 점령되어 있었다. 군중들의 손에는 붓으로 쓴 선명한 '대한 독립', '한국 독립 만세', '대한제국 황제', '민족 자결', '세계 평화' 같은 글귀가 새겨진 크고 작은 수십 개의 깃발이 펄럭이고 있었다. 치마를 짧게 입은 젊은 여학생과 혈기 왕성한 남학생은 옥상 또는 길거리에 서서 비장한 목소리로 독립 연설을 하고 있었으며 군중들은 이에 화답하며 갈채를 보내는 등 그 전날까지 통곡 소리(고종 황제의 승하)로 가득하던 광경은 완전히 돌변해 있었다. 당시 조선인들이 관리이건 민중이건 병사이건 순경이건 구별 없이 모두 심각한 독립의 꿈에 홀려 있는 점을 생각하니 실로 두려웠다. 요컨대 총소리 하나 울리지 않고 피 한 방울 흘리지 않고 서로 무저항주의가 만나 좀처럼 볼 수 없는 광경을 보여주고 있으니 (하략)
– 대한제국황실비사(1926)

임금이 인화문 밖에 나가서 각국의 공사와 영사들을 불러 만났다.
– 고종실록(1898)

3.1 독립운동과 이후 민주화 항쟁의 중심이었던 덕수궁의 정문 대한문

의 위치보다 무려 33미터나 안쪽으로 밀려난 것이다.

광복하라, 광복하라 – 창덕궁 대조전

고종이 떠난 지 얼마 지나지 않은 1926년 그의 아들 순종 황
제도 승하했다. 1874년 창덕궁 관물헌에서 고종과 명성황후
의 맏아들로 태어난 그는 창덕궁 인정전에서 왕세자로 책봉되
었다. 그러나 1895년 모후가 살해되는 비운을 겪었고, 1897
년 고종이 대한제국을 건립한 뒤로는 황태자가 되었다.

　1년 후인 1898년 통역관 김홍륙이 불만을 품고 고종과 황
태자 순종을 살해할 목적으로 커피에 다량의 아편을 넣었는
데, 고종은 맛이 이상함을 알고 곧바로 뱉었으나 순종은 그를
알아차리지 못하고 삼키고 만다. 그 뒤로 순종의 건강은 극도
로 약화되었고, 그 때문인지 순종에게는 자식이 없다.

　순종은 1907년에 일제에 의해 창덕궁으로 강제 이어했고,
대조전에서 영욕榮辱의 삶을 마감했다. 무엇보다도 500년 조선
왕조의 통치권이 일본에 넘어가는 치욕의 역사를 만들었다는
사실 하나만으로도 그는 여생을 죄인의 마음으로 살 수밖에
없었다. 그가 승하하기 얼마 전 남겼다는 유서는 진위에 다소
논란이 있으나 절절한 그의 심정을 느끼기에 충분하다.

　"지난날의 병합 인준은 일본이 역신의 무리와 더불어 제멋
대로 해서 제멋대로 선포한 것이요, 다 나의 한 바가 아니라.

오직 나를 유폐하고 나를 협박하여 나로 하여금 명백히 말을 할 수 없게 한 것으로 내가 한 것이 아니니 고금에 어찌 이런 도리가 있으리오. 나 구차히 살며 죽지 못한 지가 지금에 17년이라. 종사의 죄인이 되고 2천만 생민의 죄인이 되었으니, 한 목숨이 꺼지지 않는 한 잠시도 이를 잊을 수 없는지라. (중략) 여러분이여, 노력하여 광복하라. 짐의 혼백이 명명冥冥한 가운데 여러분을 도우리라."

1926년 4월 25일 오전 6시경 조선 왕조의 마지막 왕인 순종은 이렇게 생의 마지막을 눈물로 마감했다. 이로써 27대 왕통王統의 역사도 끝이 났다. 1392년 태조 이성계가 왕이 된 이후 534년 만이다.

🐾 근대 문물의 상징, 창덕궁 희정당과 대조전

오늘날 우리가 영유하는 대부분의 문물인 전기, 수도, 자동차 등은 모두 개화기를 통해 들어온 것이다. 당시 서양 문물을 가장 먼저 받아들인 곳이 바로 궁궐이다. 궁궐에 설치된 수도, 전기, 황제가 입던 의복, 타던 자동차 등이 궁궐 밖으로 나가면서 대중화되기 시작했다. 특히 마지막 황제인 순종이 살았던 창덕궁에는 그 흔적들이 지금까지 그대로 남아 있다.

순종의 편전으로 사용된 희정당의 행각은 황제의 자동차 출입이 가능한 돌출 현관으로 만들어졌고, 황제 내외가 침전으로 사용했던 대조전에는 침대, 욕실, 서양식 화장실까지 설치되어 1920년대의 모습을 생생하게 전하고 있다.

조선의 마지막 왕 순종이 승하한 창덕궁 대조전

황실의 마지막 전각
- 창덕궁 낙선재, 석복헌, 수강재

대조전 내부

1926년 순종 황제의 승하로 대한제국은 역사의 한 페이지로 남았지만, 황후를 비롯해 황실 가족들은 여전히 힘든 삶을 살고 있었다. 순종에게 자식이 없는 관계로 당시 왕위는 일본 황녀와 정략결혼을 한 동생 영친왕이 물려받았다.

그러던 중 광복이 찾아왔다. 하지만 이승만 정부는 황실을 다시 살리기보다는 오히려 서울의 5대 궁궐을 모두 국가로 귀속시켜버리는 등 황실 복원에 매우 미온적이었다. 그나마 창덕궁 낙선재에서의 생활은 허가해주어 황후(순종비)는 간신히 살아갈 수 있었다.

낙선재는 앞에서 언급했듯 헌종 연간 왕과 후궁의 침전으로 조성된 영역이다. 창덕궁의 동남쪽에 위치하며 낙선재를 중심으로 석복헌, 수강재 등의 건물이 연이어 있고, 뒤에는 아름다운 화계가 조성되어 있다. 그럼 어떤 이들이 이곳에서 삶의 마지막을 보냈을까?

마지막 황후 순정효황후

황실의 어른인 순종비 순정효황후는 성격과 심지가 곧은 여장부 기질이 있었다. 대한제국의 마지막 어전 회의가 열린 창덕궁 흥복헌에서 친일파들이 조약서에 날인을 강요할 때 병풍 뒤에서 이를 엿듣고 있던 황후는 급히 순종을 불러내어 "덕수궁 부왕(고종)께 여쭈어야 한다."고 귀띔을 해주었다. 그러면서 옥새를 치마폭에 숨기고는 내놓지 않았다. 결국은 빼앗겼지만 그녀의 강인한 심성이 보이는 일화가 아닐 수 없다.

그녀는 황실을 없애려는 이승만 정권에 대항하며 창덕궁 낙선재를 지켰다. 한국전쟁 당시에도 북한 인민군이 창덕궁에 들어왔을 때 호통을 치며 그들을 쫓아냈다고 한다. 전쟁이 끝난 후 황후는 일본에 있던 황실 가족들을 낙선재로 불러들였다. 모진 세월을 견뎌낸 순정효황후는 1966년 2월 3일 창덕궁 낙선재의 석복헌에서 승하한다. 황후가 남긴 유언은 다음과 같다.

"생전에는 재산이 없어 마음대로 못한 일이 많다. 죽은 후의 일만은 내가 결정하니 형편에 따라 장례일은 하되 염불 소리 외는 것 외에는 조용히 지낼 것이며, 소리 내어 우는 자는 내 뜻을 어기는 자이며, (중략) 부탁이니 부의의 남은 것이나 또는 내게 돌아오는 재물이 있으면 수족같이 부리던 상궁들도 자그마한 살림이래도 마련해 주고. (중략) 모든 것은 사사로운 욕됨이 없게 처리하길 부탁하나니. (하략)"

조선 왕조의 세자빈으로, 대한제국의 마지막 황후로, 대한민

23일 왕가의 후손과 상궁들은 낙선재에서 동가제를 지낸 후 윤비의 신위는 차에 실려 24일 상오 7시 30분 낙선재를 출발, 8시 30분 종묘에 닿았다. 윤비의 신위는 다시 가마에 실려 정전에 옮겨져 19실에 봉안되었다.
– 경향신문(1968)

순정효황후가 승하한 석복헌 내부

—
"사실은 그 전해부터 내가 대일
본제국의 황태자비로 물망에 올
라 있었다고 한다. 훨씬 후에 안
일지만, 나는 아이를 못 낳을 체
질이라 하여 한일 교류의 미명
아래 대한제국 황태자 이은 전하
의 배필로 정했다 한다. 내가 아
이를 못 낳으니까 대한제국 황태
자와 결혼을 시킴으로써 대한제
국의 황통을 절손시키자는 속셈
이었던 모양이다. 내가 나중에
아들을 낳자 나의 불임을 주장했
던 전의 3명이 모두 처형당했다
고 한다."
- 세월이여 왕조여(1985)

국의 시민으로 한국 근현대사 영욕의 순간을 모두 경험한 그
녀는 평생 황후로서의 품위를 잃지 않고 백성과 국민들의 존
경을 받았다고 전한다.

영친왕과 이방자 여사

순종 황제가 후사가 없는 관계로 그의 이복동생이 왕위를
물려받으니 그가 영친왕이다. 그는 어려서 이토 히로부미에
의해 일본으로 보내져 일본의 황녀 마사코(한국명 이방자)와 정
략 결혼을 했다. 이방자 여사는 훗날 자서전《세월이여 왕조
여》에 자신이 황태자비가 된 이유를 적었다.

영친왕 내외는 광복 이후 귀국할 수 있었다. 그러나 이미 영친왕은 건강이 악화된 상태였고, 결국 1970년 창덕궁 낙선재에서 생을 마치고 만다. 그로부터 20여 년 후인 1989년, 그의 부인인 이방자 여사 역시 이곳 낙선재에서 별세했다. 그녀는 여생 동안 많은 자선 활동을 하면서 황실의 명예를 이어갔다.

조선조 마지막 황태자인 영친왕 이은 공의 왕비 이방자(88) 여사가 30일 오전 9시 35분 창덕궁 안 낙선재에서 노환으로 별세했다. 이 여사는 1901년 11월 4일 일본 왕족의 딸로 태어나 1920년 영친왕과 정략결혼 후 일본에 살다가 1963년 귀국해 낙선재에서 살아왔다. 빈궁은 창덕궁 안 낙선재에 마련돼 있다.
– 한겨레(1989)

영친왕 내외가 별세한 낙선재

덕혜옹주

동명 소설과 영화의 주인공으로도 유명한 덕혜옹주는 고종 황제의 고명딸이다. 그녀 역시도 오빠인 영친왕처럼 강제로 일본 유학을 떠났고 일본인과 정략 결혼을 당했다. 그러나 독살의 위협으로 정신질환을 앓았던 그녀는 끝내 이혼을 당하고 정신병원에 갇히는 등 불행한 삶을 이어가다 1962년 들어 이

덕혜옹주가 별세한 수강재

수강재

—
조선 왕조 마지막 왕녀인 덕혜옹
주가 21일 창덕궁 낙선재 안 수
강재에서 숙환으로 별세했다. 향
년 77세.

– 동아일보(1989)

곳 창덕궁 낙선재로 돌아올 수 있었다. 하지만 이미 몸과 마음은 망가질 대로 망가진 상태였다. 귀국 후에도 계속된 정신질환 등으로 고생을 한 옹주는 1989년 수강재에서 한 많은 삶을 마감한다. 덕혜옹주가 죽기 얼마 전 갑자기 정신이 돌아와 쓴 다음의 글은 많은 이들의 마음을 아프게 했다.

"보고 싶어요. 전하, 왕비 전하. 우리나라 대한민국…."

이구 전하

2005년 낙선재에서는 마지막 황손의 장례식이 거행되었다. 영친왕과 이방자 여사 사이에 태어난 이구 전하였다. 일본에서 태어난 그는 일본의 패전 후 미국으로 건너가 미국인과 결혼을 했다. 한때 귀국 후 모친인 이방자 여사를 도와 많은 일을 했지만 사업 실패, 이혼 등의 개인사로 인해 적응하지 못하다 결국 일본으로 돌아갔고, 2005년 일본의 한 호텔에서 죽은 채 발견되었다. 대한제국 마지막 황손의 시신은 창덕궁으로 운구 되었고 대한민국 정부와 종친회는 낙선재에서 견전제遣奠祭(발 인할 때 문 앞에서 지내는 제사)를 거행했다.

창덕궁 낙선재 주방에는 그을음 자국이 선명하다. 온돌에는 아직도 온기가 남아 있는 듯하다. 2005년 이구 전하의 장례식 을 끝으로 황실의 대는 사실상 끊겼고, 낙선재 역시 그들이 남 긴 마지막 궁궐의 흔적으로 기록되었다.

영친왕(고종의 아들) 이은의 유일 한 생육이자 그의 왕세자였던 고 (故) 이구 씨의 영결식이 24일 오전 10시, 서울 창덕궁 희정당 앞에서 열렸다.
영결식이 시작되기 직전 낙선재 에서 견전제가 치러졌다. 이 총 리는 영결식에서 조사를 통해 "대한제국 마지막 황세손 고 이 구 저하의 훙서를 진심으로 애도 하오며, 영령께서 사랑하시는 부 왕(영친왕)과 모후(이방자)를 만 나 현세에서 다하지 못한 행복을 영원토록 누리시기를 삼가 기원 합니다."고 말했다.
– 연합뉴스(2005)

마지막 황손 이구 전하의 견전제(2005년 낙선재)

궁궐 2 조선의 왕을 만나다

1쇄 발행 2021년 5월 25일
2쇄 발행 2022년 4월 15일

글·사진 송용진
발행인 윤을식

책임편집 박민진
편집도움 신미진 전주희 정남경 지은석
펴낸곳 도서출판 지식프레임
출판등록 2008년 1월 4일 제2020-000053호
주소 서울시 동대문구 청계천로 505, 206호
전화 (02)521-3172 | **팩스** (02)6007-1835

이메일 editor@jisikframe.com
홈페이지 http://www.jisikframe.com

ISBN 978-89-94655-96-3 (04910)
세트 978-89-94655-90-1 (04910)